自治体議会政策学会叢書

自治体の立法府としての議会

後藤 仁 著
(神奈川大学教授)

イマジン出版

目　　次

はじめに …………………………………………………………… 5

Ⅰ　基本原則　　市民個人の自治 ………………………………… 7

1　個人が社会の主人 —— 個人主義の原則 ………………………… 8
2　個人同士の絆 —— 自由、平等、友愛 …………………………… 10
3　自由における平等の深化 —— 人権の確立 ……………………… 12
4　現代個人の良心 —— 寛容に開かれている ……………………… 14
5　個人は、まずは、私人 —— プライバシーの権利 ……………… 16
6　個人は、やはり、公人でもある —— 透明な公 ………………… 18
7　現代個人の理性 —— 公平を弁別できる ………………………… 20
8　新たな絆 —— 共感、信頼、透明、連帯、協働 ………………… 22
9　公衆と市民 —— 個人の集合 ……………………………………… 24
10　一人ひとり全員が市民個人 —— 現代社会の特色 ……………… 26
11　全員一致によらない全員の決定 —— 多数決 …………………… 28
12　市民個人が現代社会の主人 —— 主客再転倒 …………………… 30

Ⅱ　構造変動　　分権社会の形成 ………………………………… 33

13　公私統合と社会的補完性 —— 分身①と分割① ………………… 34
14　ステークホルダー —— 分身② ………………………………… 36
15　政府間補完性 —— 分割② ……………………………………… 38
16　政府本体と行政当局 —— 分割③ ……………………………… 40
17　日本国憲法前文 —— 市民主権 ………………………………… 42
18　日本国憲法第八章 —— 地方自治 ……………………………… 44
19　代表制民主主義の２形態 —— ２元制と議会制 ………………… 46
20　1955年体制 —— 1940年体制が生き残る ……………………… 48
21　機関委任事務 —— 55年体制の象徴 …………………………… 50
22　立法府の復位 —— 国会改革関連法 …………………………… 52

23	首相と内閣の責任 ── 中央省庁改革関連法	54
24	機関委任事務の廃止 ── 地方分権推進一括法	56

Ⅲ　未来展望　説明責任の徹底 …… 59

25	自治体立法府の課題 ── 法と税	60
26	制度が綻びはじめた ── 交付税	62
27	公共事業を聖域扱いする無理 ── 補助金	64
28	返すあてのない借金のつけ ── 地方債	66
29	条例による課税へ ── 地方税	68
30	税と借金に価する業務を ── 公会計制度	70
31	自治体立法府の予算制御権 ── 予算と決算	72
32	業務と政策の体系化 ── 総合計画	74
33	事実の認定より価値の評定 ── 政策評価	76
34	責任ある説明をする責任 ── 情報公開	78
35	開かれた自治体立法府 ── 自由、公平、透明	80
36	良質の統治と経営 ── 現場の個人が支える	82

おわりに ……………………………………………………… 84
著者紹介 ……………………………………………………… 85
コパ・ブックス発刊にあたって…自治体議会政策学会　竹下　譲 …… 86

はじめに

　日本社会を、個人本位のものにできないか。そういう問題意識を、私は、長年、抱えこんできました。本書も、この問題意識のもとに書かれました。

　とくに、第Ⅰ部では、市民個人が、社会の主人公であり、政治の場面での主権者の一員であり、自治の主体であることを強調しました。

　ただし、市民個人は、政治を嗜みはするが、いつもいつも政治をやっているわけにはいきません。現代社会における市民個人は、それなりの所得と余暇と教養をもちあわせていますが、自力で稼がなければならず、相当に忙しく、自己開発にも時間をとられます。そこで、市民個人は、選挙投票で自分たちの代表を選び、政治を担ってもらうよう、工夫をしてきています。本書の第Ⅱ部では、市民個人の自治の一形態としての代表制民主主義の原則、その風化、そして再生をめぐる日本社会の動向を論じてみました。分権社会とでもいうべき方向へ、日本社会は動いています。それは日本国憲法が想定している社会の姿でもあります。

　では、分権社会のなかで、自治体議会は、いかにして、自治体の立法府へと脱皮していけるのか。一連の法制大改革の深化を自治体発で実現し、税制大改革につなげる。条例による課税で、自前の税と借金を確保する。税を支払い、借金を認めても、その仕事は自治体でやるべきだ。市民個人がそう納得した仕事だけに集中する。したがって、前提として、説明責任を全うしていかなければならない。第Ⅲ部では、そんな論点を取りあげました。公論、公議の素材にしてください。

I 基本原則
市民個人の自治

 # 個人が社会の主人－個人主義の原則

　これから私がお話しすることは、あまりに初歩的にすぎ、もの足りない人もいるにちがいありませんが、勘弁してください。私は、考えあぐねて思考が前へ進まないとき、子供たちの教科書に載っている、ごく基礎的な概念や原則を想い起こし、そこへ立ち戻るようにしています。教科書は、世代をこえて引き継いでいくに価する知恵を編み集め、若い世代に享受してもらうのを本来の役目としていますが、年上の世代にも役に立つもののはずなのです。

　とりわけ私が大切にしているのは、個人の尊重という基礎的な概念です。個人主義の原則です。個人とは、人類（the human race）に属する、一人ひとりの、個々の人間（a human being）です。宇宙のなかでは、まことに小さな存在にすぎません。しかし、一人ひとり、かけがえのない尊厳（dignity）に満ちた、分割のできない独得のまとまりをもった存在（an individual）です。いくつもの仮面（persona）を取り替えて使っているのではないかと思われるほど、一身に多面性を備えています。同時に、個性として統合された一己の人格（personality）を有しています。こうした個性ある人間が、個人（a person）なのです。

　一人ひとりの個人が、自分を発展させ、充実させ、自分になりきる。自己改革のなかで、自己実現を遂げていく。そのためにこそ各個人は、他の個人と一緒に、さまざまな社会を形成します。個人の尊厳と人格を尊重できない社会は、個人に拒否され、滅亡します。個人が主、社会が従。主人公は個人なのです。

図1

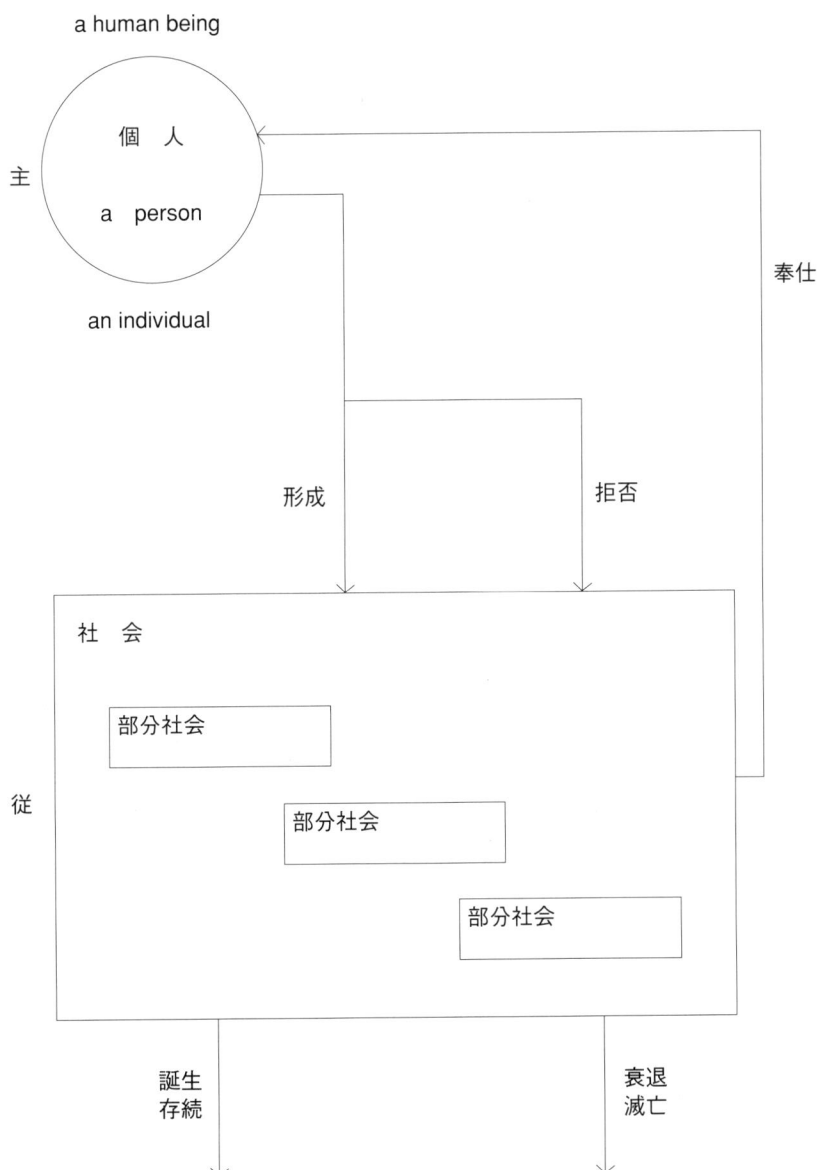

 ## 個人同士の絆－自由、平等、友愛

　社会を結成し、解散させる。社会に対して支援を行い、支援を打ち切る。社会に加盟し、脱退する。社会との取引を開始し、停止する。社会を創設し、廃絶する。個人が社会を選びとり、使い分け、使いこなす。

　このような社会の存亡に関する決定を、各個人は対等な立場で下します。対等な個人同士が、納得し合い、信頼し合わないかぎり、社会は誕生も存続もできません。個人同士は対等であるが、いや、個人同士が対等であるがゆえに、個人と社会は対等でありえません。個人が社会の源泉に位置し、社会の行動を制御し、社会の成果を享受する。社会は主人である個人に奉仕する。個人同士の間にではなく、個人と社会の間に、主従関係が設定されるのです。

　では、個人同士は、どんな絆で結ばれるのでしょう。フランスの青、白、赤の三色（tricolore）旗が象徴する三つの価値によってです。つまり、自由（liberté）、平等（egalité）、友愛（fraternité）という共通価値が、近代以降の社会の基盤に置かれているのです。

　自由をはきちがえると放恣に流れ、平等をとりちがえると画一に陥り、両者は矛盾してしまいます。しかし、平等なき自由は、差別を公認し、特権を生み、専制に至ります。自由なき平等は、差異を認めず、逸脱を管理し、やはり専制に至ります。なんとか、自由における平等を実現しなければなりません。自分と同じ自由を他人も平等に有することを、友愛の精神にもとづいて、各個人が腹分りする必要があります。

図2

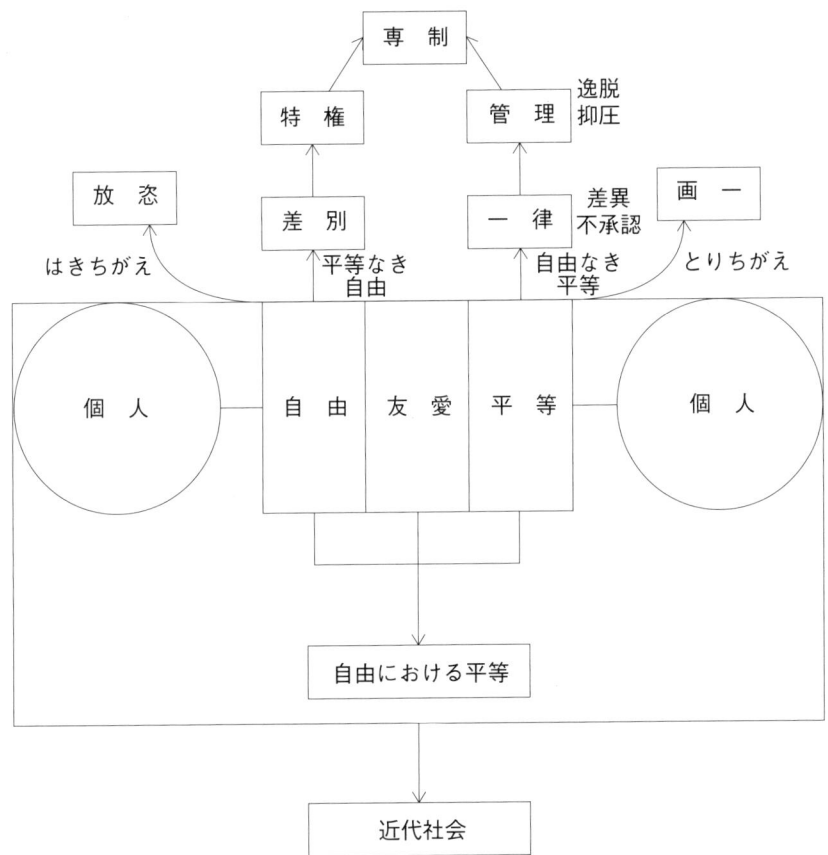

フランス人権宣言（抄）1789

第1条　人は、自由かつ権利において平等なものとして出生し、かつ生存する。社会的差別は、共同の利益の上にのみ設けることができる。

第4条　自由は、他人を害しないすべてをなし得ることに存する。その結果各人の自然権の行使は、社会の他の構成員にこれら同種の権利の享有を確保すること以外の限界をもたない。これらの限界は、法によってのみ規定することができる。

自由における平等の深化－人権の確立

　18世紀、1770年代から1780年代にかけて、アメリカ独立革命とフランス革命があい次いでおこり、近代社会が本格的な始まりを迎えます。その後、現代までの間に、自由と自由における平等という価値の重みは一層増してきています。

　現代社会は、自由社会と呼ばれています。第1に、個人の自由と権利が拡大しつつあります。例えば、環境権のような新しい人権が唱えられ、社会に定着していきました。日照権、静謐権、あるいは入浜権といった具体的な権利をめぐっても、裁判が提起されています。第2に、自由と権利を平等に享受できる個人の範囲が広がりました。老若男女、障害の重い人も軽い人も、だれもが機会において均等（equal）、結果において等価（equivalent）。価値基準を多様化することで、本来異質である個人同士が、お互いの異質さを前提に、しかし異質さをこえて協働（collaborate）できる。そうした可能性が高まり、社会も多様性に富んできました。第3に、国境をこえて、地球上どこで生活する個人にも、等しく享受可能であるべき具体的諸権利が世界人権宣言と国際人権規約で定められました。字義通りの人権（human rights）が明確になったのです。

　こうした動きにともない、友愛（fraternité）の概念も変化しました。兄弟（frère）間だけに情愛を認め、姉妹（soeul）間には認めないのでは、男子の友愛会（fraternity）と女子の会（sorority）の両方がある、アメリカの大学生の社交クラブ以下です。男女などによる差別のない、新たな友愛概念が育ってきました。

図3

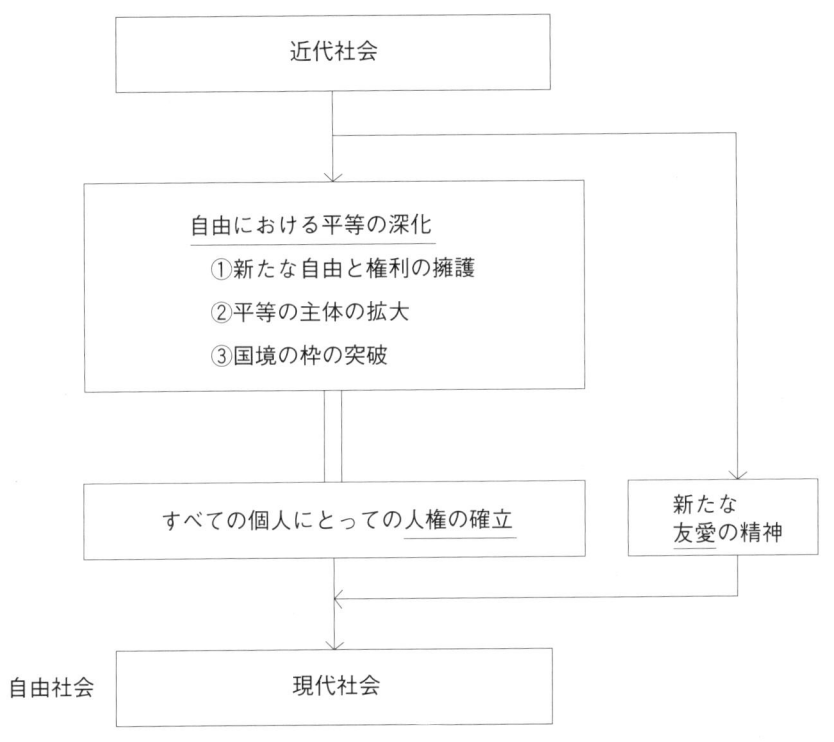

世界人権宣言（抄）1948
第1条 すべての人間は、生まれながらにして自由であり、かつ尊厳と権利とについて平等である。人間は、理性と良心とを授けられており、互いに同胞の精神をもって行動しなければならない。

国際連合によるおもな世界人権法

採択年	名称	日本批准年	採択年	名称	日本批准年
1948	ジェノサイド条約	未批准	1966	国際人権規約	1979
1951	難民の地位に関する条約	1982	1973	アパルトヘイト処罰条約	未批准
1952	婦人参政権に関する条約	1955	1979	女子差別撤廃条約	1985
1965	人種差別撤廃条約	1995	1989	こどもの権利条約	1994

 # 現代個人の良心－寛容に開かれている

　人権が確立されてくるにつれ、権利間と権利主体間の調整は、ともに、かえって難しくなります。それに失敗すれば、社会は専制の支配するところとなり、社会の方が個人の上に聳え立ってしまいます。

　現代社会に生活する個人は、寛容（tolerance）に向けて開かれた良心や徳義をもてなければなりません。一人ひとりの個人は、独自の価値判断に従ってこれは大切と思う権利を選びとり、自分の良心や徳義の内実に組み込み、個性の一部とします。この点で、他人と差異が生じて、当然なのです。自分とちがっても、それは他人の自由です。その他人も、自分と同様に、かけがえのない個人なのです。

　寛容の精神に欠けると、異質なものを抹殺する暴力がはびこります。テロリズムは、暴力による恐怖で、服従を強制します。しばしば、権力を奪い合って、テロ合戦が繰り広げられます。また、戦争は、組織された暴力である武力を用いて、敵の屈服を勝ちとろうとする行為です。いかなる正義や原理も、もし暴力に頼らざるをえないものであるなら、それを拒否しなければなりません。寛容の精神を維持しつつ、非暴力・不服従を貫かなければなりません。

　なにも宗教勢力にかぎったことではなく、政治勢力などでも同じなのですが、ある教条をめぐって、正統と異端が敵対し、さらに教条派と修正派があい争い、ひいては原理主義者と多元主義者の対立に至ることがよくあります。そのうちで、原理主義者は、自分の正義以外を認めません。私は、多元主義者に与します。

図4

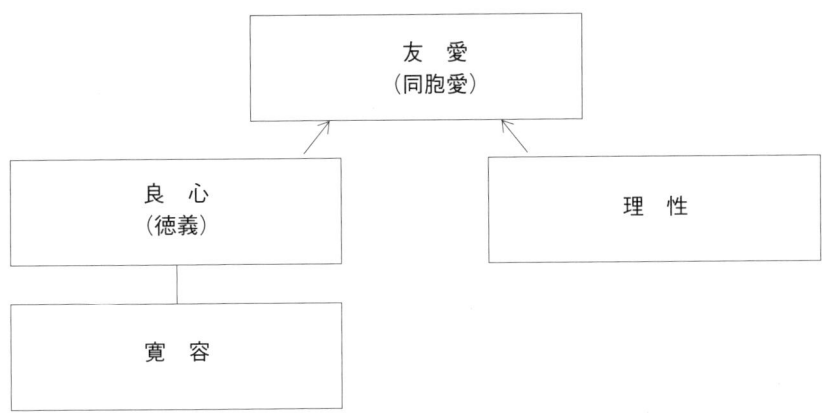

「わたしにとって、人を殺すような主義主張は願い下げです。そのようなものは、見かけがどんなにみごとでも、わたしの目から見ればみにくく、そして品位なく、堕落しています。どんな主義主張も、死と結びつけば正しくありません。
　　　　　―オマールイマーム（11世紀モスリムの詩人）

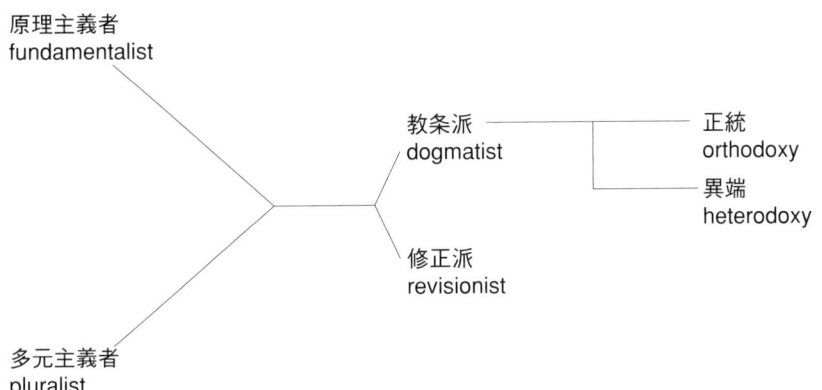

個人は、まずは、私人
－プライバシーの権利

　テロリズムは、暴力を誇示します。いきつくところは、自爆です。他人も殺し、自分も死ぬ。そういう暴力が名誉あることとされる。恐怖で強制もするが、名誉で自発的な服従へと誘いこみもするのです。

　テロリズムには、さらに、必ず、密告の組織化が付随します。誠実な人は、密告を恐れず、用心を怠るので、誣告の罠にはまる。不誠実な人は、思い当たることがあるので、用心し、罠をすり抜ける。誤った情報が飛びかい、だれもがだれもを信じられなくなり、社会はまさに形骸化します。

　密告社会では、個人のプライバシー（privacy）は、剥がしとられます。個人は、まずは、なんといっても私人（a private individual）です。良心、思想、信条、信仰。身体的な特徴、病歴、あるいは犯歴。非常に敏感な部分を中心とした、他人に触れてもらいたくない内密なものを心身に抱えて、毎日の私生活を送っています。それをみだりに侵害してはならないのですが、テロリズムをはじめとする、滅私を求める諸勢力は、そんな配慮はしません。

　テロリズムなどへの通路をたち切り、寛容の精神を発揮していかなければ、プライバシーの権利は守れません。他方、プライバシーの権利のような具体的な権利を守れないのであれば、寛容は意味をもちえません。人は暴力によってのみ生きてきたわけではないので、だから、いまも歴史を続いているのです。戦争物語だけが歴史ではないのです。ごく普通の個人が紡いできた私生活の物語を、もっと大切にしましょう。

自治体の立法府としての議会

図5

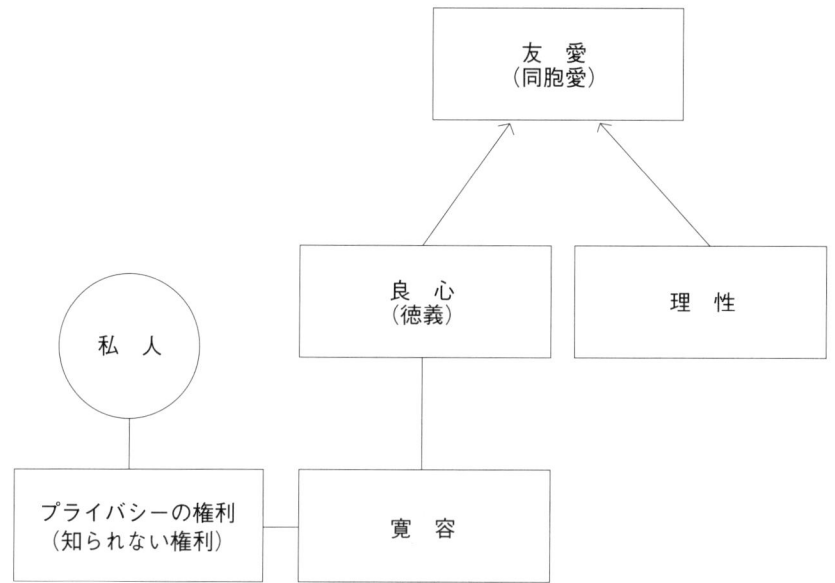

　インドでは歴史のことをイティハースという。語義は「このようになった」ということである。
　これに対し、英語では歴史はヒストリー。帝王たちの行跡、世界の戦争の物語がヒストリー。もしこれこそが歴史であれば、もしこれだけであったら、世界はとっくのむかしに沈没している。
　世界にまだこれほど多くの人間がいることは、世界の基礎は武器ではなく、真理、慈悲、魂の力（サッティヤーグラハ）であることを示している。何千、何万、何十万の人々が仲良く暮している。何千万何百億の家族のいさかいは愛情の中に取りこまれ、解決されている。何百という民族が平和に暮らしている。それをヒストリーは記録しない。できない。この慈悲の愛や真理の流れがせき止められ、分断されると、ヒストリーに記録されるのである。
　　　　－M．K．ガーンディの発言より－

 ## 個人は、やはり、公人でもある
　－透明な公

　ところで、現代社会では、プライバシーの権利は拡張されました。消極的な知られない権利が、新しい人権の一つである積極的な知る権利と合体し、個人情報に対する本人の制御権という、もう一つの新しい人権に生れ変りました。

　この権利によって、私人としての個人のプライバシーは、いままで通り、他人の侵害から守られます。個人の活動の背後に、動機として、動力として、個人的な、多くの場合は私的な（private）、欲求や利得や期待が働いていたとしても、それで正当なのであって、なんら恥ずべきことではありません。たとえそれが、内密の、非公然、非公開なものであってもです。私的とは、元来、そういうものなのです。

　ただし、ある個人についての情報は、本人にだけは公開されます。というより、本人は、権利にもとづき、自分の情報の公開を求めうるのです。こうして、本人の知られない権利と知る権利はともに満たされ、他人の知る権利が制限されます。

　公職など公的な場で重要な地位を占めている人物（public figure）については、反対に、他人の知る権利の方が優先され、本人の知られない権利が制限されます。漢字の公も透き間の多い形をしていますが、公的（public）ということは、透明性、公然性、公開性をも意味しています。一般の個人も、私人でありつつ、多かれ少かれ、やはり公人（a public man）でもあり、透明性を求められますが、どこまで公人として活動するかは、本人が判断すべきことです。

図6

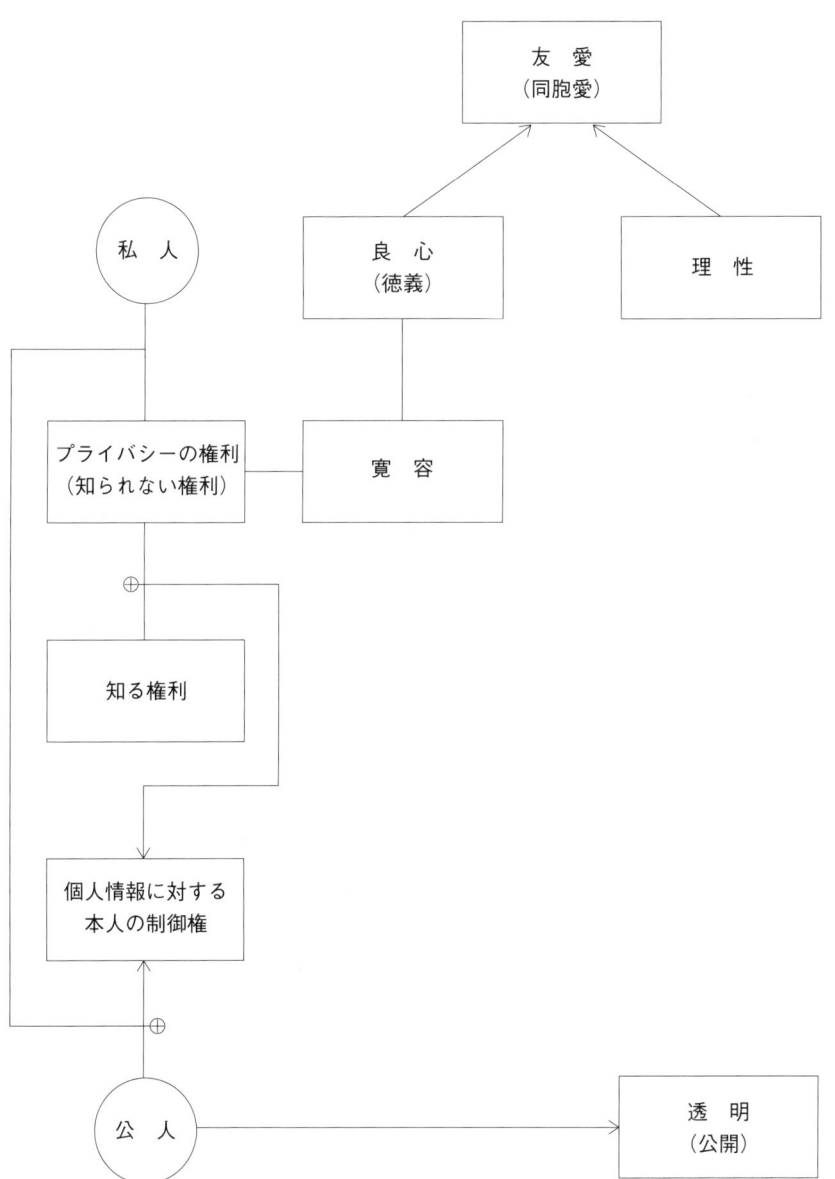

7 現代個人の理性－公平を弁別できる

　まずは私人であり、やはり公人でもある。しかも、公私を混淆してはならない。自己責任で自己決定し、公私を使い分けていかなければならない。どうすれば公平（equity）ないし公正（fairness）が保たれるのか。現代の個人は、この点を弁別できる理性と、それにおそらくは感性を備えている必要があるのです。

　私人同士の欲求、利得、期待、それらにもとづく活動、取引、そして権利の調整に際しても、公平かどうかということが鍵になります。公人間の権利、行動、意見、主義、主張、信念、念願の調整も、公平でなければ成立しません。

　とくに、公人間の調整は、とびきりの難事です。公的場面は、社会の構成者個人全員の監視、関与、参画のもとに展開していきます。価値をめぐる各個人の評定、判断が入りまじり、意志がぶつかりあいます。そのなかで、公的価値ないし公共価値（public value）が産出され、配給され、享受されるのですが、享受に当っては、直接の当事者をこえて、個人全員が係りをもちます。コストとリスクを負担するのも、個人全員です。一人ひとりにとって、かつ、みなにとって、自分が負担をしてでも創出する価値あるものとはなにか。そういう個人全員の共通事を、必ずしも全員一致によらずに、個人全員に対して公平に決めなければならないのです。

　もちろん、理性の働きが不可欠です。しかし、それだけでは不十分です。喜びと痛苦を他人とともにする共感（compassion）の支えがいるのです。

図7

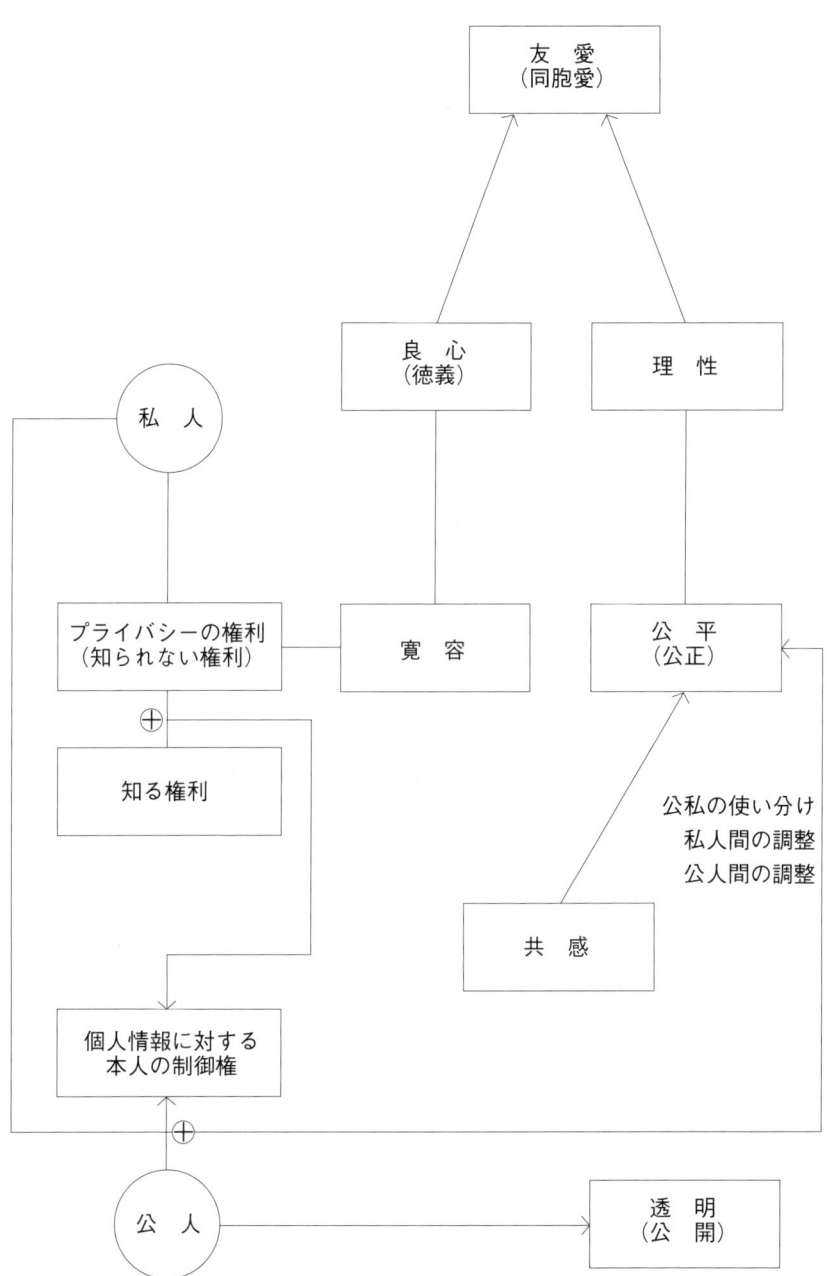

# 新たな絆
－共感、信頼、透明、連帯、協働

　ずいぶんあちこち寄り道しましたが、現代社会を築きあげる際に、対等な個人と個人を結ぶ絆になる価値を、探知することができました。

　まず、新たな自由。これには、環境権、知る権利、個人情報に対する本人の制御権のような、新しい人権が含まれています。

　次に、新たな平等。老若、男女、障害の軽い人重い人、国籍が同じ人異なる人、そういう差異をこえて、すべての個人が尊厳において、自由において、権利において、平等なのです。

　さらに、新たな友愛。古典的な友愛は、良心と理性に支えられていました。現代では、良心は寛容に開かれたものに、理性は公正を弁別できるものになりました。その公平は共感に支えられています。

　ここまでは復習ですが、少し先へ進みましょう。共感は、公平だけでなく、寛容も支えます。共感なしには、信頼も生れません。その信頼がゆらぎ、不信に陥ったとき、不信を払拭するには、隠しごとをしないことが重要になります。公平も、透明を前提にしなければ、納得を獲得できません。

　このような組み立てのなかから、連帯（solidarity）の精神が醸成されてきて、協働を可能にし、協働によって実質化します。友愛に代わって連帯をという考え方もありますが、私は、連帯は新たな友愛の一要素という立場をとっています。

　いささか道具立てが大げさにすぎるようですが、普通の個人の手にあまるほどのものではありません。

図8

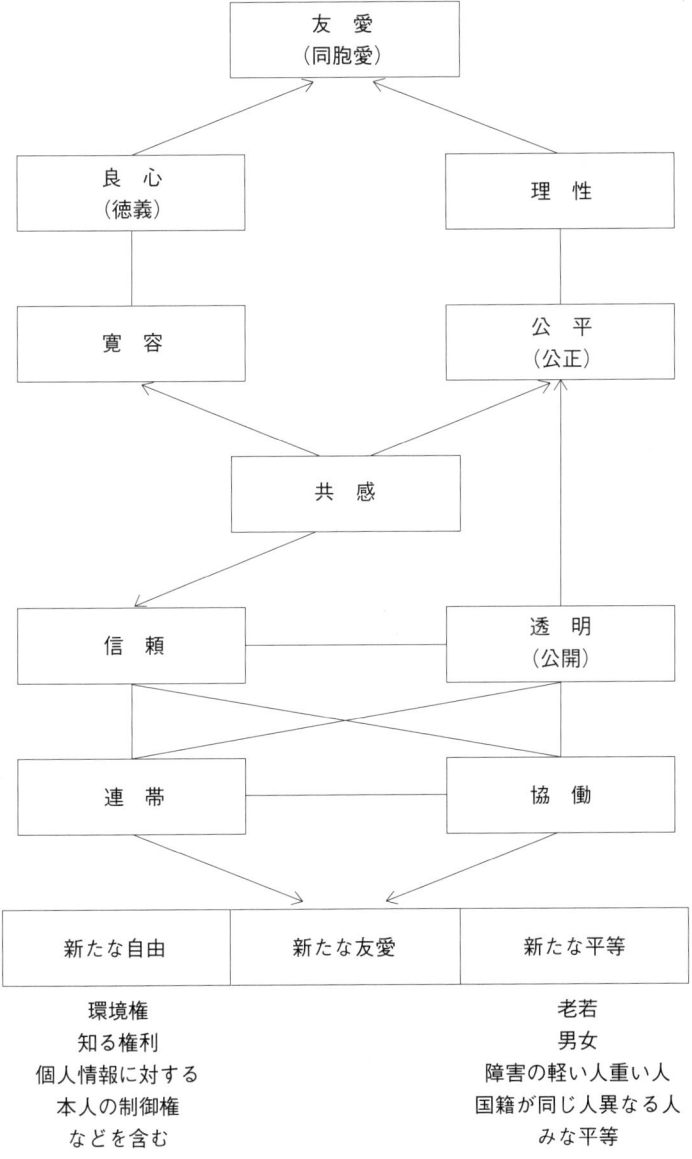

基本原則 市民個人の自治

 公衆と市民－個人の集合

　現代社会を形成でき、個人が現代社会の主人になりうるような、対等な個人同士を結ぶ新たな絆とはなにか。抽象的ながら、それが一応明らかになったところで、話題を転じます。英語のお勉強になってしまうのを、お許しください。

　英語では、単数の、一人の個人のことは、不定冠詞をつけて、a personと言います。そして、複数の個人、すなわち人々を指すときには、複数形personsもあるのですが、たいていは、peopleを用います。peopleは、それ自身複数扱いされますので、peoplesと複数形をとることはありません。peopleに定冠詞がついたthe peopleも複数扱いされますが、これは個人の集合、a personの集合を表します。集合を成し、集合に属するのは、ある社会の構成員全員です。このthe peopleを、一般には、国民とか人民と訳していますが、私は、市民と呼びます。そのうえで、集合としての市民の一員（a member of the people）である個人を、市民個人と呼び直すことにしています。

　市民個人（a person）は、前述のとおり、私人でもあり、公人でもあります。同様に、個人の集合としての市民（the people）も、私人の集合としての側面と、公人の集合としての側面を兼ね備えています。そのうちで、公人の集合としての側面が、公衆（the public）です。したがって、ある社会の構成員全員が、公衆なる集合を成し、そこに属します。各個人は、公衆の一員（a member of the public）となることで、公人になる。そういってもいいのです。

図9

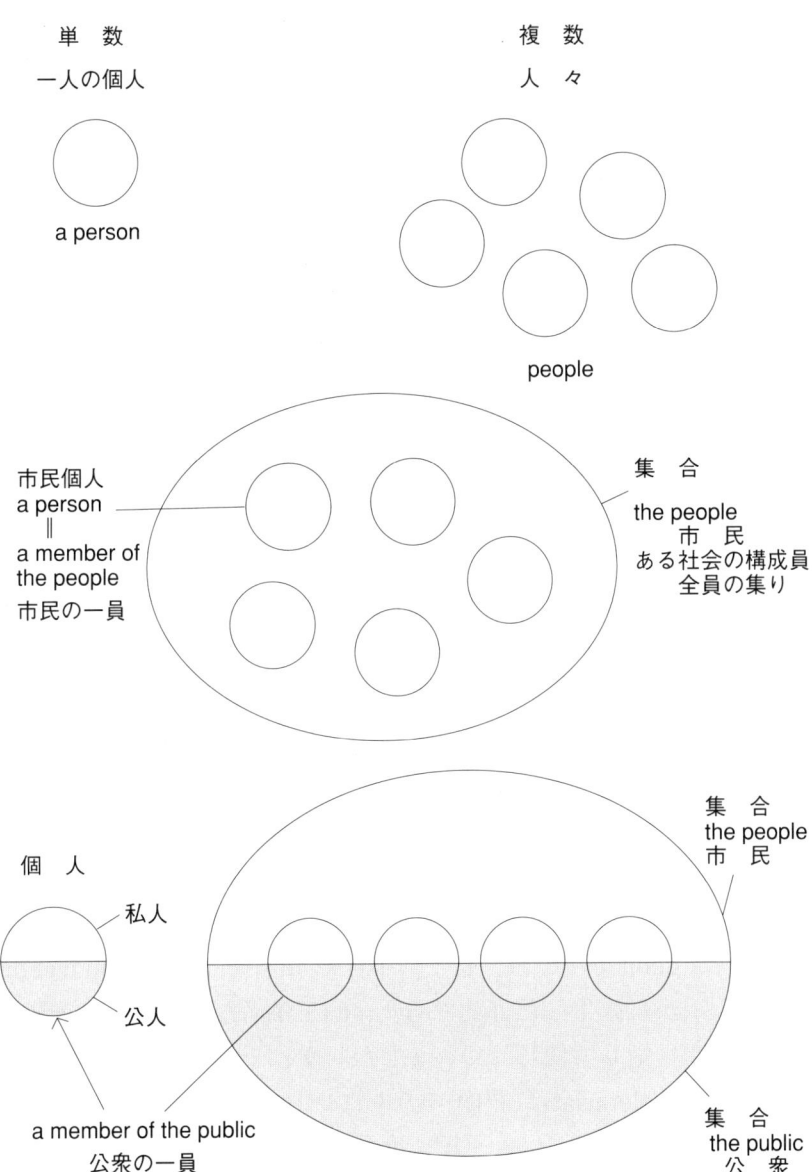

10 一人ひとり全員が市民個人 －現代社会の特色

　公衆も、市民も、基本的には、個人の集合です。個人と集合との関係は、所属関係であって、主従関係のような順序関係は設定されていません。しかし、公衆や市民は、ある一つの社会の部分社会の一種ともみなせます。この場合には、公衆の一員となり、ひいては市民の一員となるかどうかの選択権は、社会の主人としての個人の手に握られます。個人が、自発的に市民個人になるのです。それがいやなら、なんらかの形でその社会を離脱して、別の社会を形成することになります。実際に、イギリスの清教徒のグループは、新天地を求めて、アメリカへ渡りました。

　もっとも、公衆や市民となれる資格をめぐっては、歴史上、長い間、厳しい制限がおかれてきました。古代、地中海の沿岸や中国の大河川流域の都市には、いまの英語で言うcitizenに当る市民が存在していましたが、それは、土地と奴隷を所有して農園などを経営する家父長のことでした。女、子供、奴隷は市民ではなかったのです。また、有力な市民個人は、商工業に従事したがりませんでした。フランス革命当時になると、市民とはbourgeoisieのことでした。中世にできた都市の人bourgeoisから派生した言葉であり、商工業者など中産の有産階級を指して使われていました。女、子供、それに無産階級proletariatは、市民のうちにいれてもらえませんでした。

　peopleには、平民、庶民、民衆といった意味も含まれていますが、社会の構成員が一人ひとりみな、市民個人になりうるというのは、現代社会の特色なのです。

図10

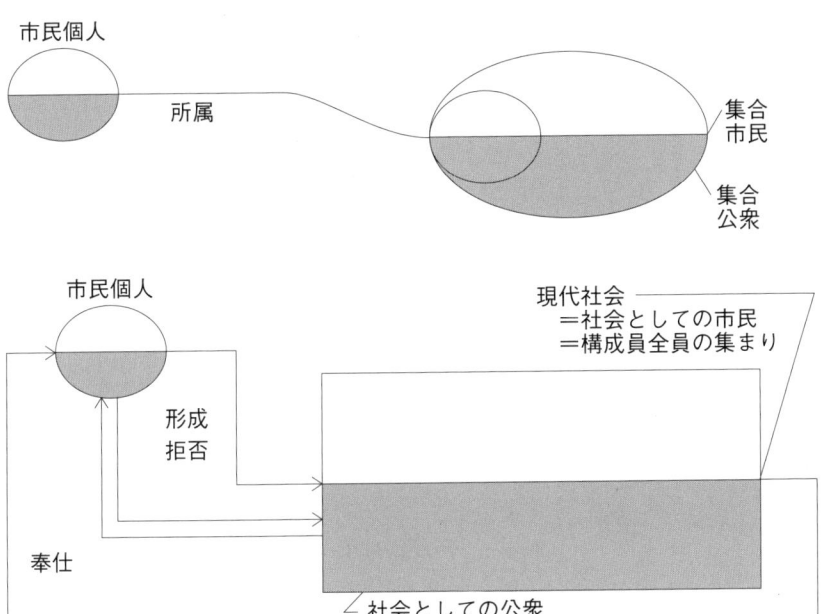

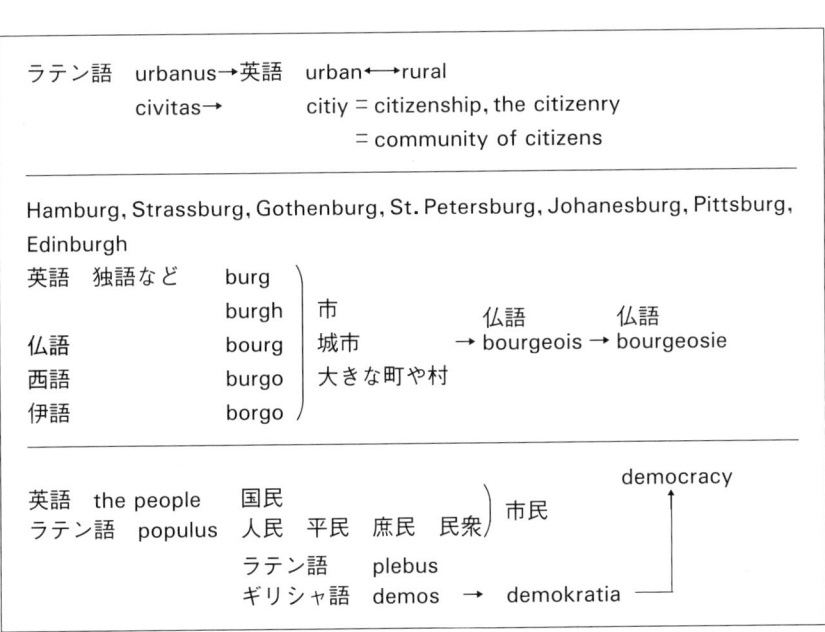

11 全員一致によらない全員の決定　－多数決

　特定の部分社会の構成員だけが全員市民に入れて、社会の他の構成員は市民から排除される。それが許されなくなり、市民と社会とが、構成員に関して、完全に重なり合っているのが現代社会です。したがって、現代社会では、市民個人の間に生じた対立は、市民の内部で解決していかねばなりません。

　対立は、あって当り前。あるものをないものにするのは、無理なのです。全員に関する決定だから全員一致でということにすれば、ほとんどの場合、決定不能になってしまいます。

　そこで、あえて争点を明らかにしていく。そして暴力は用いずに、言論で勝敗を争う。結着は、投票でつける。頭を割るのではなく、頭を数えて、多数派と少数派を分立させ、とりあえず多数派の決定に全員が従う。ただし、少数派には、敗者復活、逆転勝利の可能性を残しておく。多数派と入れ替る前、少数派のままであるときも、その立場は十分尊重する。例えば、拒否権（veto）を与え、多数派がより一層の多数を獲得できなければ、拒否権をくつがえせないようにする。さらには、非暴力のものであるなら、不服従を容認して、罰には付すが、抹殺はしないですます。そのようなルールを市民内部で遵守し合い、社会を律していけばいいのです。

　自己規律、自己立脚、自己決定、自己責任による自己統治。自律、自立、自決、自責で自治する市民個人。知恵を絞らなければなりませんが、いまや、そういう市民個人に、すべての個人がなっていけるのです。

図11

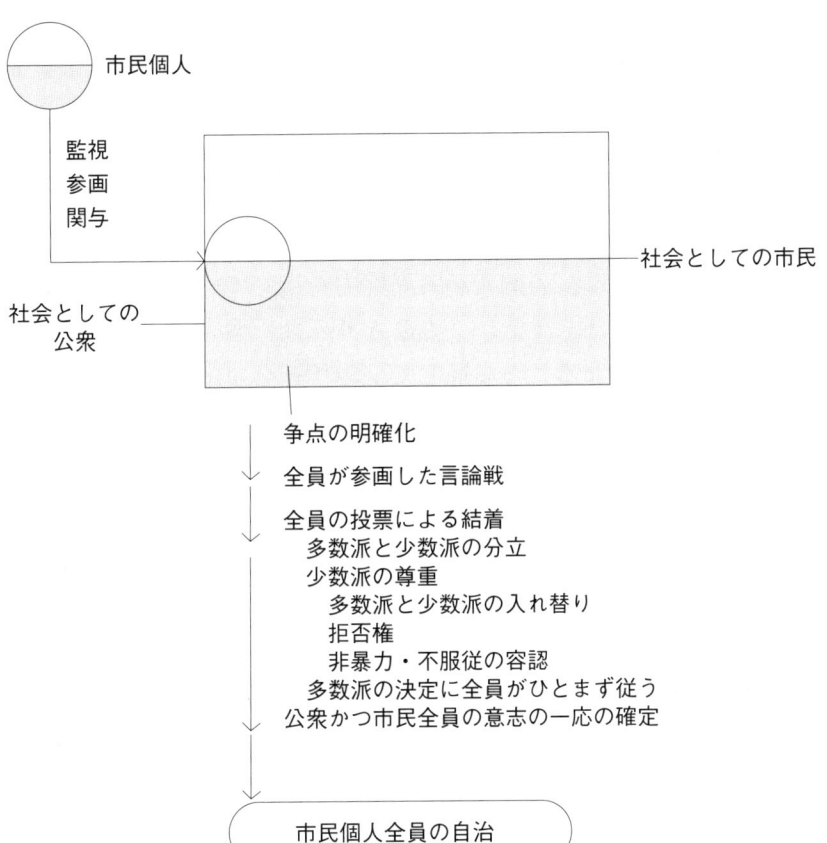

12 市民個人が現代社会の主人 －主客再転倒

　さて、そろそろ第Ⅰ部をまとめましょう。

　対等な個人同士が、新たな自由、新たな平等、そして、寛容、公平、共感、信頼、透明、連帯、協働といった価値に基づく新たな友愛を絆に、現代社会を形成する。そのために、各個人がお互い力を尽しています。

　個人は、また、一人ひとりみな、個人全員が、公衆の一員となることを通じて、現代社会の市民の一員となることができます。みなが市民個人として、市民内部に自治を打ち立て、社会を律せられよう、知恵を絞ってきています。少数派の尊重に裏打ちされた多数派による決定というのは、なかでもひときわ貴重な知恵の一つです。

　個人は無力ではない。市民は衆愚ではない。市民個人の尽力と知恵のおかげで、現代社会は成り立っているのです。個人が社会の主人であるべきなのに、これまでは、とかく主客・主従が転倒しました。それを再転倒して、市民個人が現代社会の主人になる。市民個人が、現代社会の源泉に位置し、現代社会を制御し、現代社会の成果を享受する主体になる。そういう時代が来ているのです。

　社会の方も変ります。文化面では、多様なアイデンティティの統合軸や価値基準が共存する、多元文化。経済面では、地球上の遠く離れた社会とも、平和のうちに有無あい通じられる、市場経済。そして、政治面では、市民個人が主権者の一員となる、民主政治。そして、政府は、市民によって改廃可能な、市民政府。現代社会は、そんな姿態をもつ自由社会になりうるのです。

図12

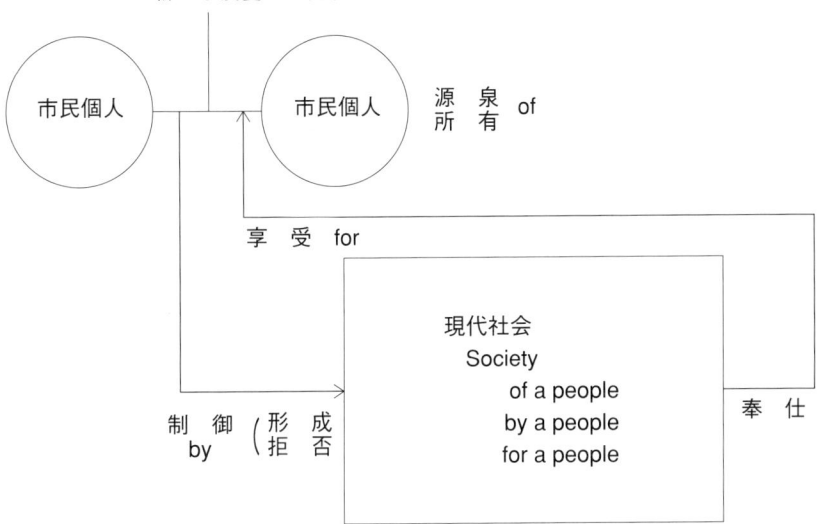
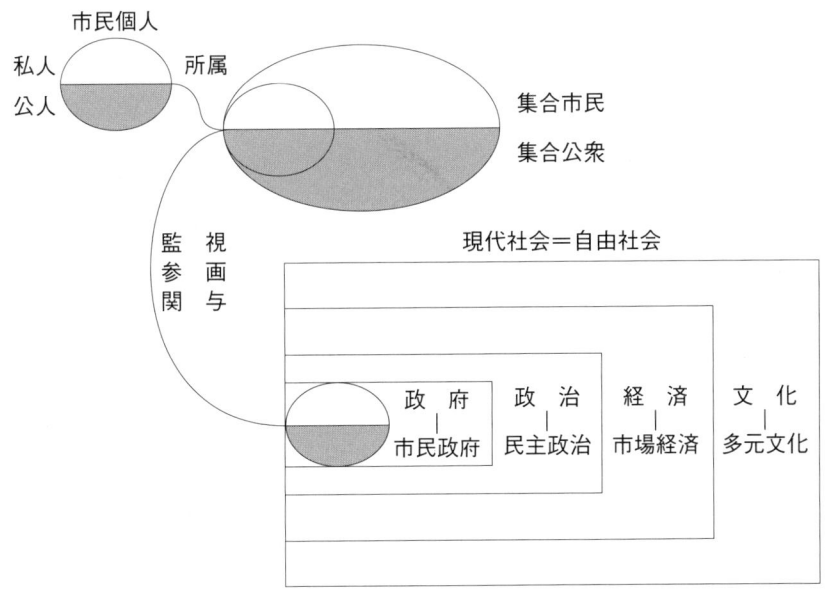

II 構造変動
分権社会の形成

13 公私統合と社会的補完性
ー分身①と分割①

　市民個人は、自分自身たった一人ででも、ずいぶんいろいろなことをやれます。中国社会で市民と言う言葉が使われるようになったのは、16世紀、明の時代です。当時は、国家やその官僚に頼らずに、自力で生活している市井の人、まちの子、巷の子を意味していました。市民個人による自発的で（voluntary）無償の活動、市民個人の創意と主導性にもっぱら依拠している活動、すなわちボランティア（volunteer）活動。それが、個人生活と人間社会の出発点であり、礎石です。不測の有事に際し、社会の崩壊に歯止めをかけ、社会の再建にきっかけを与える力を秘めています。

　そんな市民個人が、主体としての自分自身に分身の術をかけ、客体としての社会は分割し支配する。そのとき、市民個人は、より身近な部分社会により多くを信託するという、社会的補完性の原則を適用できます。

　まず一番身近かなのは、市民機構。市民個人同士がお互いまったく自発的に発意し結社した市民活動組織の集合で、非営利機構（NPO）でかつ非政府機構（NGO）です。市民個人は、私人と公人の両面を統合した人格をそっくり差し向け、この市民機構に関与します。その次が、企業の集合であって、私的価値を創出する、営利機構。市民個人は、私人の面を前面に出し、私的利害を計算しつつ、営利機構に関与します。そして、最後が、政府機構。強制力に裏打ちされて、公共価値を創出します。市民個人は、公人の面を前面に出し、主権者の一員として、政府機構に関与します。

図13

市民個人 ― 制御権

私人
公人

取引開始
取引停止

加盟
脱退

営利機構
ＰＯ
Profit-seeking Organization

政府機構
ＧＯ
Governmental Organization

市民機構
ＣＯ
Citizen Organization

創設
廃絶

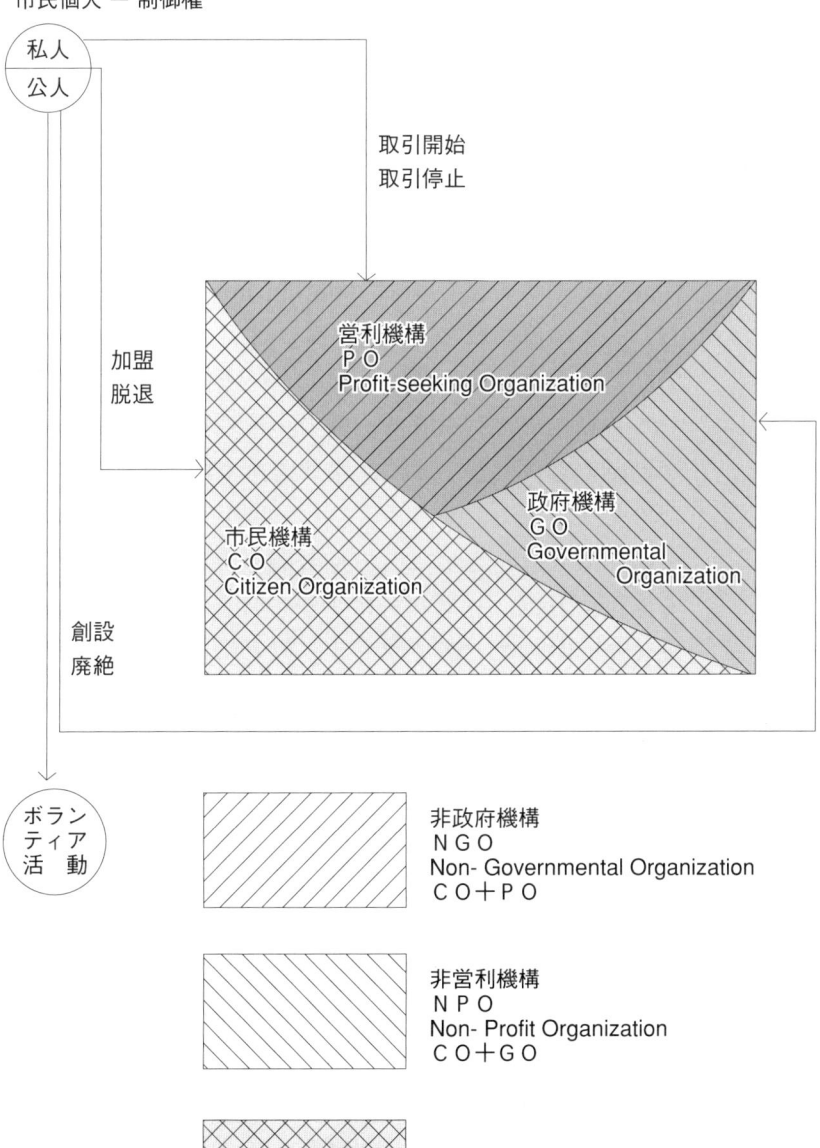

ボランティア活動

非政府機構
ＮＧＯ
Non-Governmental Organization
ＣＯ＋ＰＯ

非営利機構
ＮＰＯ
Non-Profit Organization
ＣＯ＋ＧＯ

市民機構
ＣＯ＝ＮＧＯ and ＮＰＯ

●構造変動 分権社会の形成

35

14 ステークホルダー－分身②

　公私を統合しつつ使い分けるのを、分身の術その①としましょう。この術には、実は、奥の手があります。営利機構に対して、私人の面を前面に出すとともに、公人の面を背面に控えさせる。その監視によって、営利機構といえども、良き法人市民（good corporate citizen）にふさわしい社会的貢献（philanthoropy）に努力を惜しむことは許されなくなります。また、政府機構に対しては、前面に公人、背面は私人という構えにする。こうして、私人の権利を守る。権力からの自由は、市民個人が制御の客体にならずに、主体であり続けるための基盤なのです。

　市民個人は、さらに、分身の術その②を身につけるべく修行すれば、一層自分に力をつけ、エンパワー（empower）することができます。営利機構の株主（stockholder）になるだけでなく、各種利害当事者（stakeholder）になる。その術を、市民機構と政府機構に対しても、応用するのです。

　投資家として、営利機構の株主、社債購入者、融資者となるのと同様に、市民機構に会費を払い、寄付をし、政府機構の税を支払い、公債を購入する。それに加えて、顧客や仕入先といった取引相手にもなり、労働人材として、力と知恵も提供する。政府機構は、権力機関であるだけでなく、サービス機関でもあり、市民個人は公的サービスの顧客になりうるのです。また、市民個人が会員になったり、事務局スタッフになってくれなければ、市民機構は成り立ちません。分身術②があってこそ、分身術①も生きてくるのです。

図14

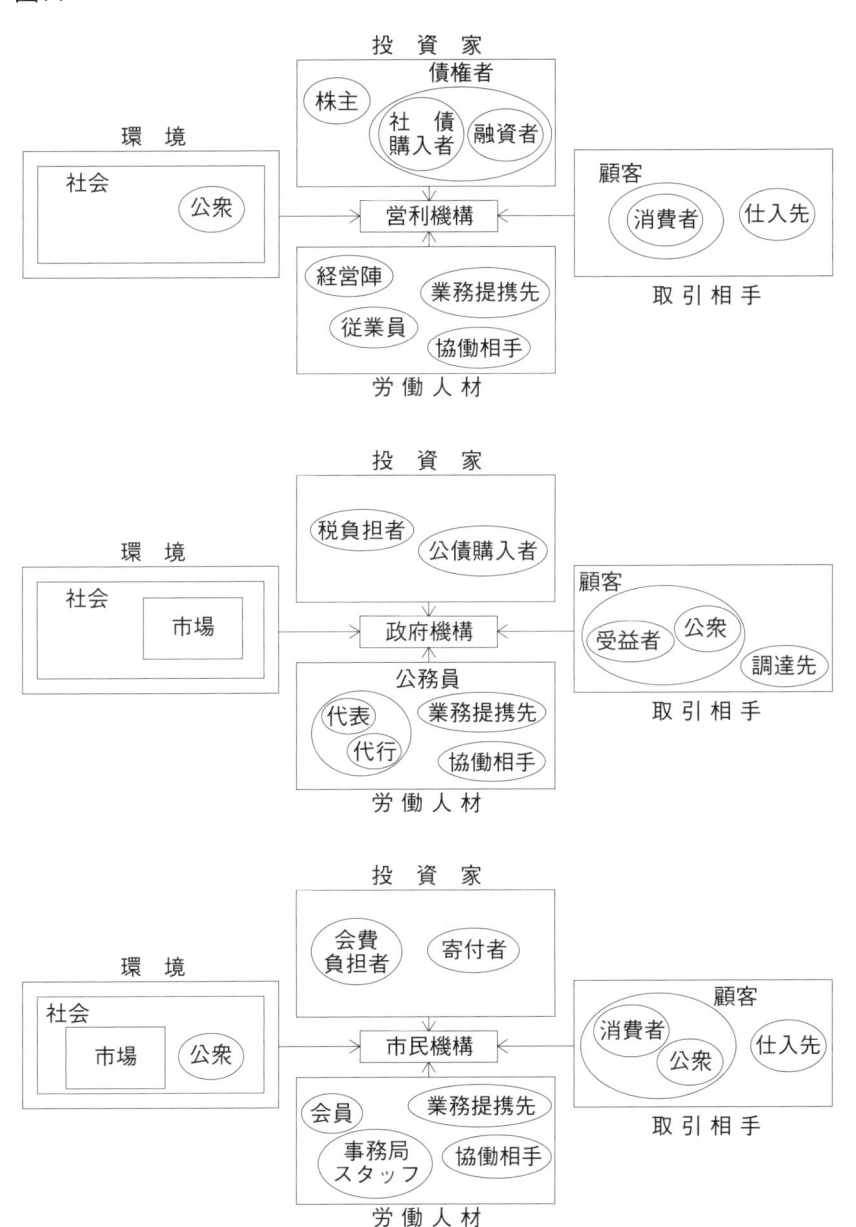

15 政府間補完性－分割②

　分割して、支配せよ。それが、支配の鉄則です。市民個人も、ときに、いささか人が悪くなっていいのです。分割の術についても、その②を工夫してみましょう。社会を市民機構、営利機構、政府機構に大別して、社会的補完性の原則によって使い分ける。それを、補完性その①にもとづく、分割その①とします。分割その②は、政府間補完性の原則という補完性その②にもとづく、政府機構の分割です。

　つまりは、地方分権を推進するのです。日本社会には、市民個人からの信託を受けて、3層の政府が創設されています。そのなかで、一番身近な、市区町村の基礎自治体政府に、一番多くを信託する。次に、都道府県の広域自治体政府に補完をさせる。この2つの自治体政府に信託しがたいものだけを、国の政府に補完させる。市民個人としては、こうして、政府間補完性を貫いていくのです。

　この分割その②によって、政府機構は、市民個人の手元に引き寄せられます。透明性（transparency）や、社会の他の機構との比較可能性（contestability）も高まります。透明で、比較可能でなければ、競合がありえず、競合がないところでは、協働もうまくいきません。比較と競合にさらされている他の機構、とくに営利機構から、政府機構は、もっと多くを学ばなければなりません。企業は、利潤を追求しますが、所期の利潤が得られる事前の保証などありません。企業は、市場での勝敗に生き残りを賭けます。賭けに勝ってはじめて、利潤は確保できるのです。

図15

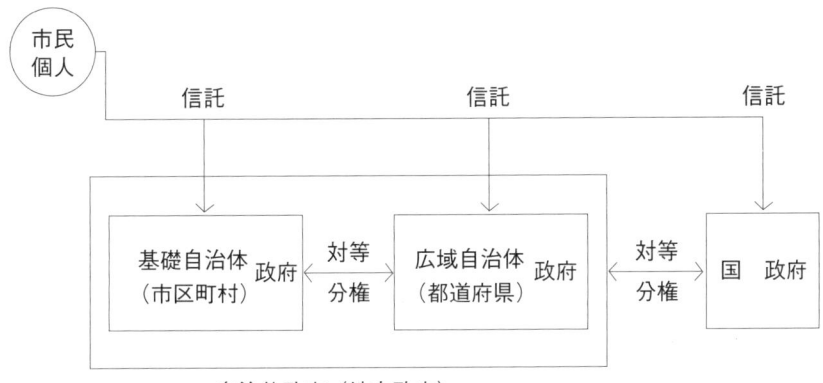

```
                 信託            信託            信託
  市民個人 ─┬────────────┬──────────────┐
           ↓              ↓              ↓
     ┌─────────────┐ 対等  ┌─────────────┐ 対等  ┌──────┐
     │ 基礎自治体  │ 分権 │ 広域自治体  │ 分権 │ 国政府 │
     │ （市区町村）│政府 ⇄ │ （都道府県）│政府 ⇄ │       │
     └─────────────┘      └─────────────┘      └──────┘
           自治体政府（地方政府）
```

補完性（subsidiarity）の原則

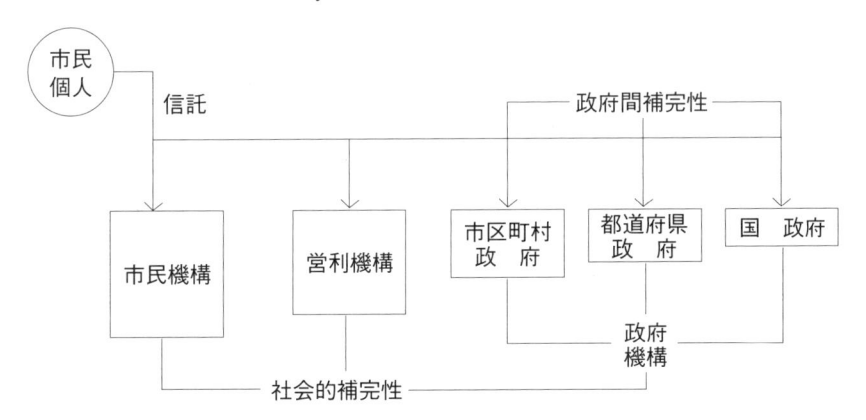

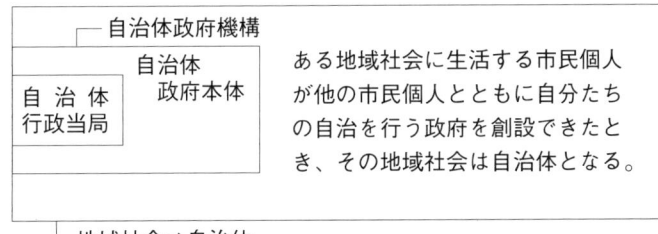

```
                              ─── 政府間補完性 ───
  市民個人 ─┬───────┬──────┬──────┐
    信託   ↓       ↓      ↓      ↓      ↓
       ┌──────┐┌──────┐┌──────┐┌──────┐┌──────┐
       │市民機構││営利機構││市区町村││都道府県││国政府│
       │      ││      ││ 政府 ││ 政府 ││      │
       └──────┘└──────┘└──────┘└──────┘└──────┘
                                  政府機構
           ─── 社会的補完性 ───
```

```
         ┌─ 自治体政府機構
         │     ┌───────┐
  ┌自治体│     │ 自治体│     ある地域社会に生活する市民個人
  │行政当局│   │政府本体│    が他の市民個人とともに自分たち
  └       │   └───────┘     の自治を行う政府を創設できたと
         │                   き、その地域社会は自治体となる。
         └─ 地域社会⇒自治体
```

16 政府本体と行政当局－分割③

　市場は、出会いの場であり、取引の場であり、弱肉強食ではないが、勝敗が決する場です。市民個人や法人企業は、ある企てをもって、市場に登場してきます。その企てを評価して、取引に応じてくれる相手に出会え、企てに成功すれば、勝者になれます。しかし、栄枯盛衰、盛者必衰、強者を気取って驕る勝者は、一転敗者になる。敗者復活も可能であり、失敗も許される。ただ失敗し続ければ、弱者を装ってとどまることは許されず、市場から退出せざるをえないのです。

　このような厳しさは、政府機構にとっても必要です。公共価値を創出できないような政府機構を解体したり、取り替えたりしうる。そうした選択権を、市民個人の手に保っておかなければなりません。そこで、もう１つの分割、分割その③が求められます。

　市民個人がみなで選挙投票をおこなって選んだ市民個人から成り、市民個人全員を代表して政治過程を担う、政府本体。市民個人全員が直接には係わらない選抜試験で選ばれた市民個人から成り、市民個人を代行して行政実務を担う、行政当局。この２つに、政府機構を分割し、政府本体を上に置き、行政当局は政府本体の補助機関として下に置く。それが、分割その③です。

　もとより、政府本体の構成員と行政当局の構成員は、市民個人としては、対等です。しかし、政府機構のなかでは、政府本体が上で主、行政当局が下で従。選挙で選ばれた人は、試験で選ばれた人より偉い。なぜか。政府本体の方は、市民個人によって取り替えがきくからです。代行は代表の指揮に服すべきなのです。

図16

```
市民個人 ──────→ 選挙投票
  │         ↓
  │監視    代表機関＝政府本体      政治過程を担う
  │参画    指揮↓↑補助
  │関与    代行機関＝行政当局 ←── 行政実務を担う（役所）
  └────────↑                         ↓
                                   選抜試験
```

```
                    業務
市民個人 ── 信託（    ）権限 ──                    分権社会
                    資金
    │         │         │          │          │
  市民機構   市場機構   市区町村    都道府県    国政府
                        政府       政府
                         ↓          ↓           ↓
                       市区町村   都道府県    国行政
                       行政       行政
```

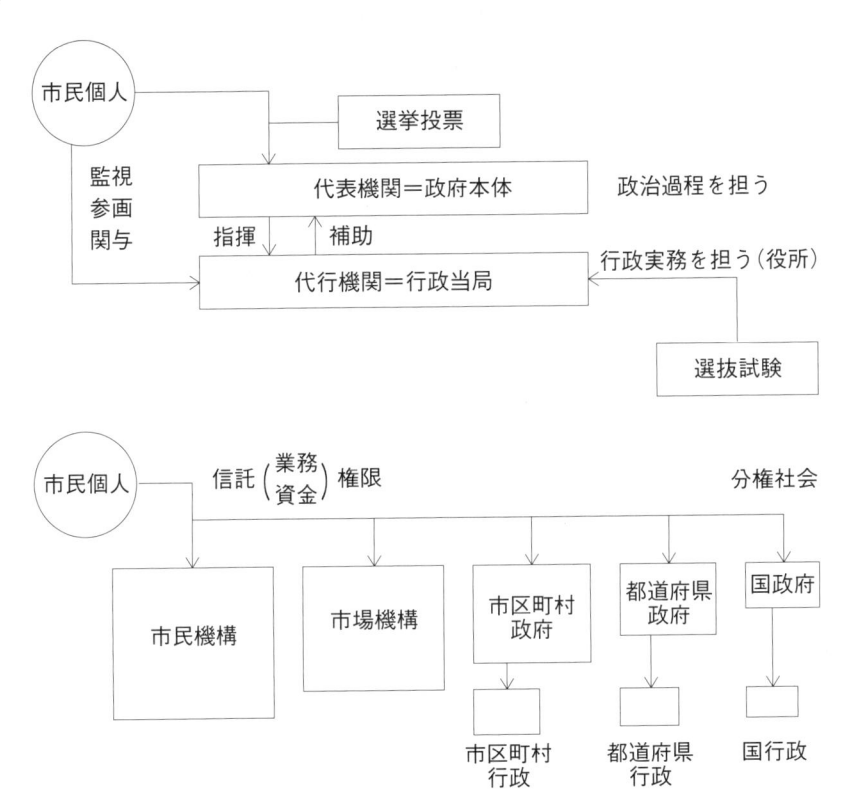

アメリカ独立宣言（抄）
　われわれは次のことが自明の真理であると信ずる。すべての人は平等に造られ、造化の神によって、一定の譲ることのできない権利を与えられていること。その中には生命、自由、そして幸福の追求が含まれていること。これらの権利を確保するために、人類の間に政府がつくられ、その正当な権力は被支配者の同意にもとづかねばならないこと。もしどんな形の政府であってもこれらの目的を破壊するものになった場合には、その政府を改革しあるいは廃止して人民の安全と幸福をもたらすに最も適当と思われる原理にもとづき、そのような形で権力を形づくる新しい政府を設けることが人民の権利であること。

●構造変動　分権社会の形成

17 日本国憲法前文－市民主権

　主体である市民個人の分身の術を2つ、客体である社会の分割の術を3つ紹介してきました。分身といっても、本来は一身。分割といっても、もとは1つの社会。分けたものの間に順序関係を設定すると、とかく無理が生じるのですが、それをあえて設定した方がいい場合もあるのです。

　市民個人の私人の面と公人の面は、どちらも、ないがしろにはできません。ただ公人の面をもたない限り、社会のなかに政府機構を創設することは不可能になります。市民個人のとりうるステークホルダーの立場についても、どの立場を重くみるか、一概にはいえません。歴史的にも変遷がありました。それでも、民主主義を大切にしたいのなら、ofの関係、源泉や所有の関係が重要になり、投資家の統治を重視せざるをえません。この点については、後にあらためてふれます。

　補完性の原則にもとづく2通りの分割でできる部分社会の間の関係も、対等なものです。市民機構、営利機構、政府機構、どれが欠けても、市民個人にとって不都合が発生します。基礎自治体政府、広域自治体政府、国の政府、どれが上で、どれが下ということはありません。しかし、市民個人にとって、親近関係で差があります。この親近関係を使って、信託の多少に差をつけようというのが、補完性の原則なのです。

　政府本体と行政当局の間の上下関係、主従関係だけは、市民主権、ひいては、市民個人の自治を言う以上、設定を回避できません。そして、市民主権は、日本国憲法に盛られた重要な原則の一つなのです。

図17

THE CONSTITUTION OF JAPAN
英訳　日本国憲法

　We, the Japanese people, acting through our duly elected representatives in the National Diet, determined that we shall secure for ourselves and our posterity the fruits of peaceful cooperation with all nations and the blessings of liberty throughout this land, and resolved that never again shall we be visited with the horrors war through the action of government, do proclaim that sovereign power resides with the people and do firmly establish this Constitution. Government is a sacred trust of the people, the authority for which is derived from the people ①, the powers of which are exercised by the representatives of the people ②, and the benefits of which are enjoyed by the people ③. This is a universal principle of mankind upon which this Constitution is founded. We reject and revoke all constitutions, laws, ordinances, and rescripts in conflict herewith.

　We, the Japanese people, desire peace for all tine and are deeply conscious of the high ideals controlling human relationship, and we have determined to preserve our security and existence, trusting in the justice and faith of the peace-loving peoples of the world, We desire to occupy an honored place in an international society striving for the preservation of peace, and the banishment of tyranny and slavery, oppression and intolerance for all time from the earth. We recognize that all peoples of the world have the right to live in peace, free from fear and want.

　We believe that no nation is responsible to itself alone, but that laws of political morality are universal; and that obedience to such laws is incumbent upon all nations who would sustain their own sovereignty and justify their sovereign relationship with other nations.

　We, the Japanese people, pledge our national honor to accomplish these high ideals and purposes with all our resources.

日本国憲法（前文）

　日本国民は、正当に選挙された国会における代表者を通じて行動し、われらとわれらの子孫のために、諸国民との協和による成果と、わが国全土にわたつて自由のもたらす恵沢を確保し、政府の行為によつて再び戦争の惨禍が起ることのないやうにすることを決意し、ここに主権が国民に存することを宣言し、この憲法を確定する。そもそも国政は、国民の厳粛な信託によるものであつて、その権威は国民に由来し、その権力は国民の代表者がこれを行使し、その福利は国民がこれを享受する。これは人類普遍の原理であり、この憲法は、かかる原理に基くものである。われらは、これに反する一切の憲法、法令及び詔勅を排除する。

　日本国民は、恒久の平和を念願し、人間相互の関係を支配する崇高な理想を深く自覚するのであつて、平和を愛する諸国民の公正と信義に信頼して、われらの安全と生存を保持しようと決意した。われらは、平和を維持し、専制と隷従、圧迫と偏狭を地上から永遠に除去しようと努めてゐる国際社会において、名誉ある地位を占めたいと思ふ。われらは、全世界の国民が、ひとしく恐怖と欠乏から免かれ、平和のうちに生存する権利を有することを確認する。

　われらは、いづれの国家も、自国のことのみに専念して他国を無視してはならないのであつて、政治道徳の法則は、普遍的なものであり、この法則に従ふことは、自国の主権を維持し、他国と対等関係に立たうとする各国の責務であると信ずる。

　日本国民は、国家の名誉にかけ、全力をあげてこの崇高な理想と目的を達成することを誓ふ。

| Government
政府・客体 | of the people ①
源泉・所有　主体・市民
by the people ②
行為・制御
for the people ③
享受 | アメリカ合衆国第16代大統領リンカーンのゲティスバーグ演説（1863）より |

43

18 日本国憲法第八章－地方自治

　日本国憲法の正文は、もちろん日本語で書かれたものですが、正式の英語訳もあります。日本の政治や行政、法律などを研究したいが、日本語は苦手という人たちが、いまでは世界のあちこちにいます。そうした人たちは、英語版の日本国憲法を参照します。その英語は、日本語ができる人たちが読んでも、なかなか興味深いのです。前文に続いて、第八章をみてみます。

　旧憲法、明治憲法、大日本帝国憲法には、地方自治のことは盛りこまれていませんでした。したがって、この第八章があるのは、新憲法、戦後憲法、日本国憲法の大きな特色の一つと言えるのです。そして、第九二条の英語訳には、the principle of local autonomyなる言葉が出てきます。この場合のofは同格を表します。地方自治という原則、その原則を日本社会における原則としよう。そう、この条規は言っているのです。日本語正文の地方自治の本旨だけ読んでいると、ニュアンスがずれてしまいます。

　第九四条も、英語訳の方が明解です。地方自治体は2つの権利を有している。第1は自主経営権（the right to manage）である。自治体は自分たちの財産、案件、行政を経営する権利をもつ。第2は自主立法権（the right to enact）である。自治体は自分自身の規律（regulations）を法（act）にしうる。そんな意味が英語訳からは、素直に伝わってきます。

　なお、第九三条の英語訳では、deliberative organとして、自治体議会を位置づけています。討論し、審議し、よく考え、熟慮する機関が、議会なのです。

図18

CHAPTER Ⅷ LOCAL SELF-GOVERNMENT

みずから動く
auto mobile

autonomy
みずから律する

Article92, Regulations concerning organization and operations, of, local public entities shall be fixed by law in accordance with the principle of local autonomy.

Article93, The local public entities shall establish assemblies as their deliberative organs, in accordance with law.

The chief executive officers of all local public entities, the members of their assemblies, and such other local officials as may be determined by law shall be elected by direct popular vote within their several communities.

Articls94, Local public entities shall have the ①right to manage their ①-①property, ①-②affairs and ①-③administration and ②to enact their own ②-①regulations within law.

Article95, A special law, applicable only to one local public entity, cannot be enacted by the Diet without the consent of the majority of the voters of the local public entity concerned, obtained in accordance with law.

deliberate
審議する
討論する
よく考える
熟慮する

自分たちの
①-①財産
①-②案件
①-③行政
について経営権

①自主経営権

②自主立法権

act 法
enact 法にする

自分たち自身の
②-①規律
について立法権

●構造変動　分権社会の形成

第八章　地方自治

第九二条【地方自治の基本原則】　地方公共団体の組織及び運営に関する事項は、地方自治の本旨に基いて、法律でこれを定める。

第九三条【地方公共団体の議会、長　議員等の直接選挙】　地方公共団体には、法律の定めるところにより、その議事機関として議会を設置する。

②　地方公共団体の長、その議会の議員及び法律の定めるその他の吏員は、その地方公共団体の住民が、直接これを選挙する。

第九四条【地方公共団体の権能】　地方公共団体は、その財産を管理し、事務を処理し、及び行政を執行する権能を有し、法律の範囲内で条例を制定することができる。

第九五条【特別法の住民投票】　一の地方公共団体のみに適用される特別法は、法律の定めるところにより、その地方公共団体の住民の投票においてその過半数の同意を得なければ、国会は、これを制定することができない。

45

19 代表制民主主義の2形態 －2元制と議会制

　第九三条は、また、自治体政府のつくり、結構について規定しています。政府3権のうち司法権を、現在の自治体はもっていません。司法府としての自治体立の裁判所は、存在していません。市民個人は、立法権を有する立法府としての自治体議会の議員と、行政権を行使する行政府としての長の両方を、選挙投票で直接に選びます。長を直接選ぶ点では大統領制、長と議会の2機関を直接選ぶ点では2元制民主主義、と言えます。アメリカの連邦や州のものに近い制度です。

　これに対して、国の立法府・国会と行政府・内閣の関係は、議院内閣制であり、まさに議会制民主主義そのものです。イギリスに似た制度なのです。市民個人が選挙投票によって直接に選ぶのは、国の議院・議会であり、立法府である国会の議員だけです。その国会議員が同僚国会議員の一人、通常は多数派与党のリーダーを、首相、内閣総理大臣に指命します。そして、首相が、行政府である内閣を構成する国務大臣を任免しますが、その過半数は国会議員でなければなりません。市民個人は国会を創り、国会が内閣を創るのです。

　このような違いにもかかわらず、自治体も国も、代表制民主主義であることにはかわりありません。市民個人は、全員で、公論を形成し、ときに直接投票も行いますが、主として選挙投票で代表を選び、代表によく考え、議を尽くしてもらい、その多数決を尊重します。ofの主体が市民個人であることが揺るがなければ、byの主体は市民個人が選んだ代表であってもいいのです。熟慮が可能になり、その方がいいのです。

図19

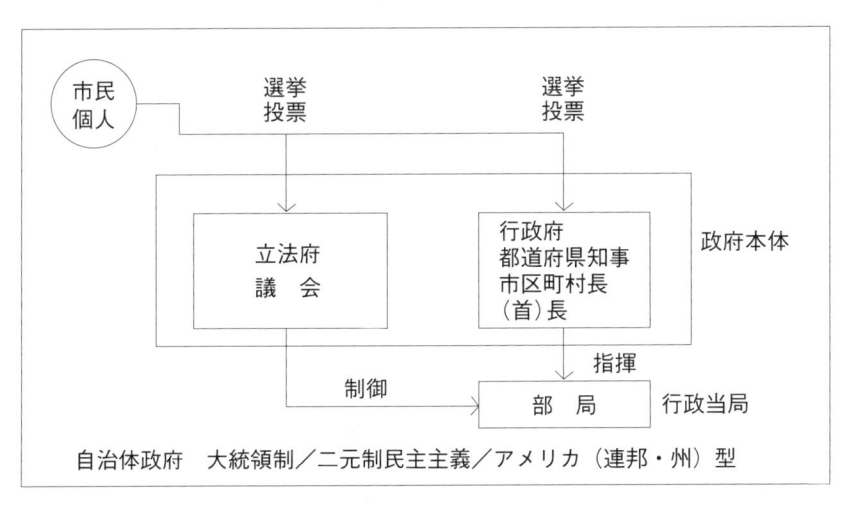

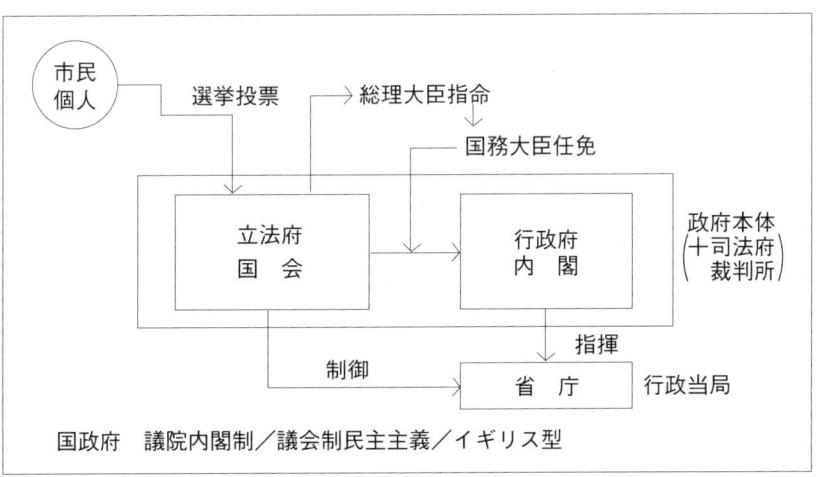

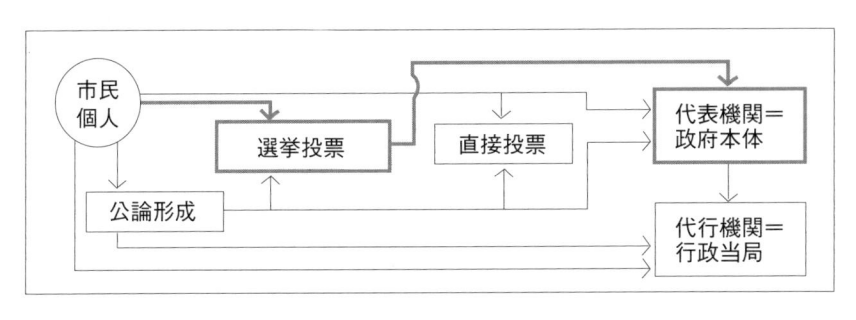

```
┌────────────────────────────────────────────────────┐
│ ┌──────┐   選挙          選挙                       │
│ │市民  ├─→ 投票          投票                       │
│ │個人  │     │             │                        │
│ └──────┘ ┌───┼─────────────┼──────────┐            │
│          │   ↓             ↓          │            │
│          │ ┌──────┐   ┌──────────┐    │            │
│          │ │立法府│   │行政府    │    │ 政府本体   │
│          │ │議 会 │   │都道府県知事│  │            │
│          │ │      │   │市区町村長 │   │            │
│          │ └──┬───┘   │（首）長   │   │            │
│          │    │       └─────┬────┘   │            │
│          │    │         指揮 │        │            │
│          │    │ 制御   ┌─────▼────┐   │            │
│          │    └───────→│ 部  局   │   │ 行政当局   │
│          │             └──────────┘   │            │
│          └──────────────────────────────┘          │
│  自治体政府　大統領制／二元制民主主義／アメリカ（連邦・州）型 │
└────────────────────────────────────────────────────┘
```

自治体政府　大統領制／二元制民主主義／アメリカ（連邦・州）型

国政府　議院内閣制／議会制民主主義／イギリス型

（図：立法府国会 → 総理大臣指命、国務大臣任免 → 行政府内閣 → 指揮 → 省庁（行政当局）、制御。政府本体（＋司法府 裁判所））

（図：市民個人 → 選挙投票／直接投票 → 代表機関＝政府本体／代行機関＝行政当局、公論形成）

構造変動　分権社会の形成

47

20 1955年体制－1940年体制が生き残る

　日本国憲法は、1946年11月3日に公布され、1947年5月3日に施行されました。施行月日の5月3日が憲法記念日となり、現在の大型連休の一環を成しているのです。この憲法は、国の最高法規です。国会が制定する法律、内閣の命令である政令、行政機関である各省の省令、さらには自治体の議会が制定する条例、長による規則、これらから構成される法体系は、すべて憲法の条規に反していれば、その効力をもちえません。

　ところが、1955年頃から、日本社会の現実は、憲法が想定していたものとは、だいぶ違う姿をとるようになりました。1940年前後に、アメリカとの戦争のために導入された戦時体制が、戦後改革をくぐり抜けて、生き残り、ソ連との冷戦、アメリカとの経済戦争に役立つようにと、再編整備されていきます。アメリカを先頭する欧米に追い付き、追い越す。そのことを目標に、追米の先進的モデルに関する情報を集め、学び、まねる。

　国の省庁が、このキャッチアップの、情報センター兼人材センターになりました。横飯などを喰いながら、横のものを縦にし、集中的に取り入れ、日本社会のあちこちに広げていく。官主、官権、官治、しかも中央集権で、大急ぎで、欧米を追いかけました。国の省庁を中核に、官・政・財の鉄の三角形に鉄のたががはめられ、我が国のためをあい言葉に、挙国一致体制を固めました。

　その結果、高度経済成長が実現しました。しかし、鉄の金属疲労と同様の制度疲労も目立ってきました。

図20

```
1947  日本国憲法施行                    ?
  ↓                                    ↑
1955  55年体制 ─────────→ 1999〜2001  法制大改革
```

欧米先進事例

追い付き　　　　　→ 国　省　庁　　啓蒙　→ 政治・政府
追い越せ　取り入れ　　　　＝　　　　　　→ 市場・企業
　　　　　　　　　　情報センター　　　　→ 自治体・地方
　　　　　　　　　　　　兼　　　　　　　→ 市民個人
　　　　　　　　　　人材センター

官主・官権・官治：わが国

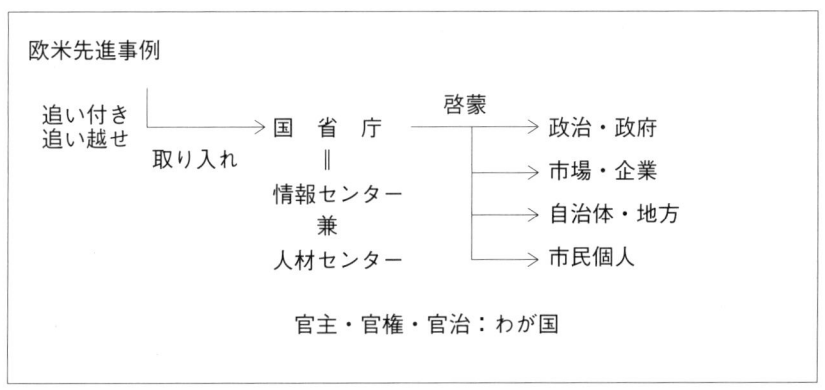

日米同盟、対ソ冷戦　　　
日米経済戦争　　　　　　──（19）55年体制：自民党
日米戦争・戦時日本主義 ── （19）40年体制：軍部

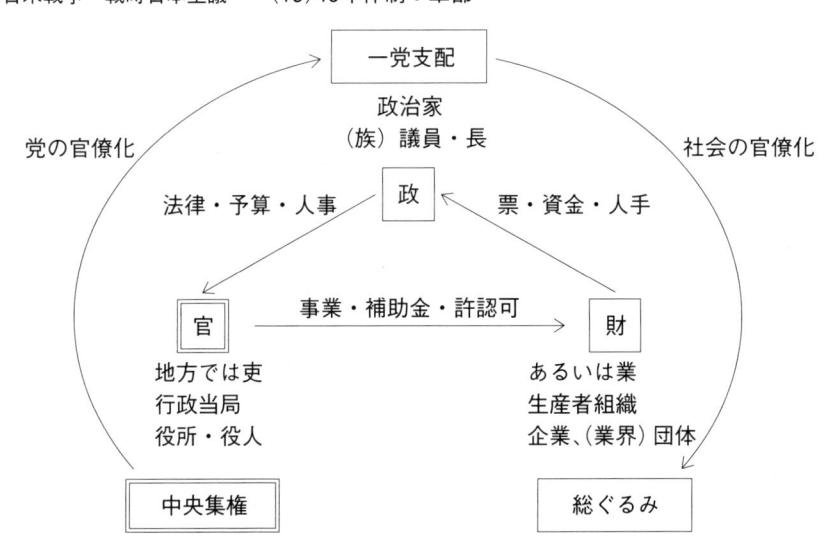

```
              ┌─────────┐
          →　│ 一党支配 │
          │  └─────────┘
          │      政治家
党の官僚化│    （族）議員・長         社会の官僚化
          │        ┌─┐
          │ 法律・予算・人事 │政│ 票・資金・人手
          │        └─┘
          │    ↙        ↘
          │ ┌─┐          ┌─┐
          │ │官│→事業・補助金・許認可→│財│
          │ └─┘          └─┘
          │ 地方では吏       あるいは業
          │ 行政当局         生産者組織
          │ 役所・役人       企業、(業界)団体
          │                          ↓
      ┌────────┐            ┌────────┐
      │ 中央集権 │            │ 総ぐるみ │
      └────────┘            └────────┘
```

● 構造変動　分権社会の形成

49

21 機関委任事務－55年体制の象徴

　(19) 55年体制を象徴するのが、機関委任事務です。機関委任事務というのは、国と地方を通じた政府機関の仕事の進め方の一種です。

　起点は、国の行政当局、省庁です。縦割り、横並びに仕事をやっている各省庁の間で事前に調整がとれたこと、合意が得られたことのみが、事務次官会議の全員一致の決定ルールをクリアできます。そして、事務次官会議を通った案件のみが、翌日に開かれる閣議の議題になりえます。国務大臣といえども、いや内閣総理大臣といえども、閣議の議題についての発議権を認められていませんでした。閣議は、内閣の会議なのですが、そこでの議題と議案の内容を決めていたのは、実は、省庁なのでした。法律案も、多くの場合、内閣から国会に提出されますが、やはり実質的には省庁が作成していました。

　こうして、国の重要な意志を決定する過程に入れなくなった国会議員は、与党の事前審査権なるものを発明し、閣議決定を抱束しようと試みました。しかし、省庁は、ご説明と称する活動で、国会議員に根回しをして、閣議決定や国会議決を獲得してきました。国会は、省庁の考えを通す場と化したのです。

　同時に、省庁は、市民個人から選挙投票で選ばれた自治体の長を、国の機関、あからさまに言えば、下請け機関扱いにし、大臣の命令、実は省庁の指導に従って国の事務を委任、実行させてきました。これが、機関委任事務というものなのです。自治体の担当部局は、本省と呼ぶ省庁に顔を向けて、仕事をしてきました。

図21

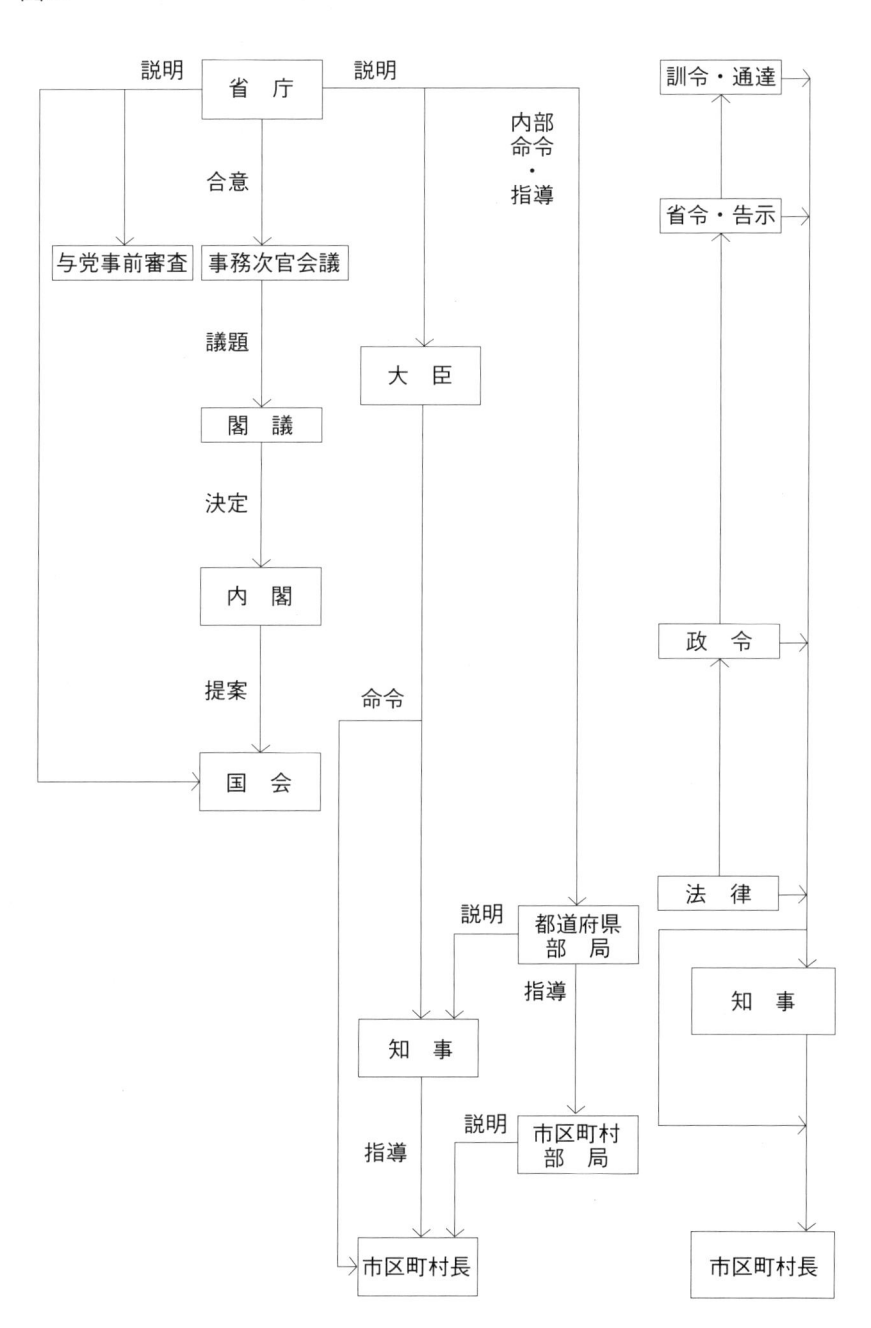

省庁 —説明→ 与党事前審査
省庁 —合意→ 事務次官会議 —議題→ 閣議 —決定→ 内閣 —提案→ 国会
省庁 —内部命令・指導→ 大臣
大臣 —命令→ 市区町村長
都道府県部局 —説明→ 知事
都道府県部局 —指導→ 市区町村部局
知事 —指導→ 市区町村長
市区町村部局 —説明→ 市区町村長

訓令・通達
省令・告示
政令
法律
知事
市区町村長

● 構造変動　分権社会の形成

51

22 立法府の復位－国会改革関連法

　高度経済成長を遂げ、欧米に追い付き、追い越す。その目標が一応の成果をあげた後も、機関委任事務に象徴されるような、国の省庁初発のシステムは残り続けました。存在根拠の薄れたものが存続すると、弊害が目立ってきます。とくに、お金の面での腐臭が鼻に余るようになりました。企業や業界団体の働きかけを受け、政治家は口を利き、役人は仕事を曲げる。そんな不祥事が、これぞ聖域なしに、あちこちに発生しました。

　さすがになんとかしなければということになって、ここへ来て、分権社会に向けて一連の法制大改革が始動しました。一つには、立法府である国会の優位の回復、国会中心主義の再確認が図られました。1999年の通常国会で、国会改革関連法が成立したのです。まず、国会自身が、国会議員が議する場として、生まれ変る可能性が出てきました。議場のレイアウトの変更案も検討されています。また、国会議員が省庁に幹部として乗りこむルートも、拡大されました。

　議員は、当選しただけで、任務の半分を果したことになります。公論を、一身に、反映し、集約しているからです。しかし、当選後にも重大な任務を果してもらわなければなりません。なかでも最重要なのは、議すること、議を発し、議を論じ、議を決する。それができないのでは、代表の名に価しません。さらに、多数派であれば政権を担うこと。外から事前審査したり、口利きをするのではなく、内閣を通じて行政当局に入り、政策決定に携わる。それが多数派の責任です。

図22

> 国会改革関連法
> 　1999年度通常国会で成立
> ・次の臨時国会から、役人が政治家に代わって国会で答弁する政府委員制度を原則廃止
> ・同じく10月の臨時国会から、衆参両院合同の常任委員会を新設。与野党党首らが週1回、約40分間、国家の基本問題について討議する。（イギリスのクエスチョンタイムがモデル）
> ・2001年1月の省庁再編と同時に各省庁に大臣を補佐する副大臣22人と政務官26人を置き、政策の企画立案段階から関与させる。

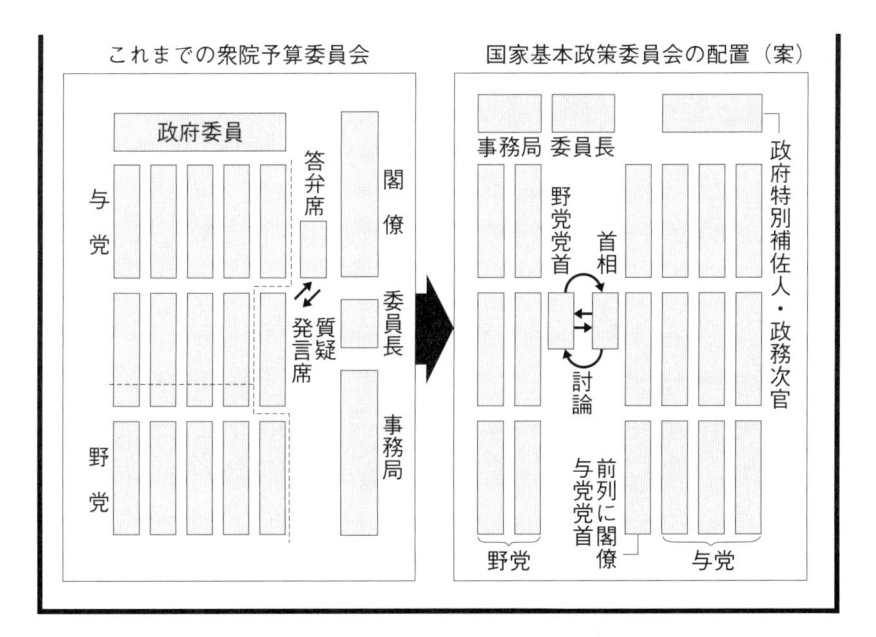

これまでの衆院予算委員会　→　国家基本政策委員会の配置（案）

（図：左側「これまでの衆院予算委員会」＝政府委員、与党、野党、答弁席、質疑発言席、閣僚、委員長、事務局／右側「国家基本政策委員会の配置（案）」＝事務局、委員長、野党党首、首相、討論、前列に閣僚、与党党首、政府特別補佐人・政務次官、野党、与党）

```
Government
源泉・所有　of the people ⎫
行為・制御　by the people ⎬ 民主主義
享　受　　for the people ⎭ 民本主義
```

構造変動　分権社会の形成

23 首相と内閣の責任
－中央省庁改革関連法

　２つには、やはり1999年の通常国会で、中央省庁改革関連法が成立し、首相と内閣の責任が明確になりました。内閣こそが、行政権の存する行政府であり、首相とは内閣の長、内閣総理大臣にほかなりません。これまでは、この行政府の位置付けが、立法府である国会に対して強すぎ、補助機関である行政当局・省庁に対しては弱すぎたのです。

　政府本体の構成員ではない省庁の役人が、政府委員を名乗って、国会議員の質問に答える。ときに、自問自答する。そんなことは、そもそも、代表制と両立しません。閣議での首相の発議権、議を発する権利が否定されていて、実権は省庁の事務次官たちが握っていたというのも、まことに奇妙な話です。主権在民、市民個人がofの主体でないと、厳密には民主主義ではない。byまでなら、大正のときに言われていた民本主義にとどまる。言いかえればofの関係さえしっかりしていれば、byは代表制でも立派な民主主義である。しかし、byまでがあいまいなままなら、もうそれは、民主主義とは別ものになってしまいます。

　この点で、中央省庁改革関連法は画期的な意味をもっています。まあ、ずいぶん長い時間を要しましたが、日本社会における民主主義は、少しずつ実質化してきています。国会、内閣、省庁間の関係をめぐっては、2002年に、自民党のチームが改革案を首相に提出しました。改革は、今後も加速していくはずです。

　なお、行政権の優越が崩れると、立法制御とともに司法制御が必須になります。司法改革も不可避です。

図23

```
中央省庁改革関連法
 （内閣法改正、各省庁設置法、独立行政法人通則法など17の法律）
 1999.7.8成立　　大部分は2001.1月　一部は2001.4月施行
・内閣は「国民主権の理念にのっとる」と内閣法に明記
・内閣は「全国民を代表する議員からなる国会に対し連帯して責任を負う」と
 いう項目を内閣法に盛る
・閣議における首相の発議権を内閣法に明記
・首相補佐官の上限3人から5人に
・次官級の官房副長官補3人置く
・首相秘書官の人数　政令で定める
・内閣官房のスタッフ首相直接選び、民間人の任期付き登用も
・内閣府を強化、予算編成の基本方針を打ち出す経済財政諮問会議設置

・1府22省庁を1府12省庁に
・独立行政法人の設置
・政策評価の導入
```

```
自民党国家戦略本部国家ビジョン策定委員会提言
　　（2002.3.13　首相に提出）
3原則　①首相を中心とする内閣主導体制の構築
　　　　②官僚主導の排除
　　　　③「族議員政治」との決別
提言　・選挙で政権政策示す
　　　・与党事前承認制廃止
　　　　首相無任所の政策調整大臣任命、党政調会長兼任、副大臣、政務官が
　　　　党の部会、政策調査会の役職兼任
　　　・総務会、政調審議会の決定、全会一致制から多数決制に
　　　　申し出により党議拘束解除－少数意見尊重
　　　・事務次官会議廃止、関係閣僚会議で省庁間調整
　　　　首相、大臣、各分野で、官民の専門家を常勤の政策官として自由に採用
　　　　主要ポストの政治任用化
　　　　独立系シンクタンクの本格的育成
　　　・実質的通年国会に
　　　・会期不継続の原則廃止
　　　・首相適材適所の人事断行
　　　　選挙区の公認候補決定に際し、予備選挙導入
　　　　政策秘書、法制局、委員会調査室強化
```

24 機関委任事務の廃止
－地方分権推進一括法

　実は、1999年の通常国会では、中央省庁改革関連法といわばセットになって、地方分権推進一括法が成立しています。地方自治法など475本の法律が一遍に改正され、機関委任事務が廃止されました。法の施行は、2000年4月でしたが、施行のために、自治体も百何本、何十本という条例を改廃、制定しました。それだけ機関委任事務がはびこっていたわけです。

　機関委任事務は、旧地方自治法によるものだけでも、561項目もあり、都道府県では8割、市区町村では4割の仕事が、機関委任事務でした。自治体の行政当局で働く職員は、長には一通りのご説明をしてすませ、国の省庁の命令下で仕事を進めてきていたのです。法律や政令にとどまらず、省令や告示、さらには内部命令にすぎない訓令・通達が、職員の仕事を縛っていました。

　この縛りが解けました。一括法の成立により、機関委任事務の55％が自治事務に、45％が法定受託事務になりました。そのことによって、自治体での仕事の進め方に対する国の関与が、大幅に縮減しました。通達行政がまかり通るわけにはいかなくなりました。

　では、これからは、自治体の職員は、なににもとづいて、仕事を進めるのでしょうか。自治事務については、条例です。法定受託事務については、受託の契約の根拠となる法令です。その条例は、だれが創るのでしょう。自治体の立法府、自治体議会です。自治体議会は法定受託事務にも関与できます。ついに、自治体議会とその議員の出番になったのです。

図24

```
公共事務（＝固有事務）         自治事務
団体の存立に関する事務    →   地方自治体が処理する事務のうち、 ←┐
住民の福祉の増進を目的        法定受託事務以外のもの              │ 条例
とする非権力的な事務                                              │ 制定
                           （例）・都市計画の決定                  │
                                ・農業振興地域の指定               │ 自治体
行政事務                        ・飲食店経営の許可                 │ 議　会
権力的な事務                    ・病院・薬局の開設許可             │
                                                                   │ 関与
団体委任事務                   法定受託事務                        │
法律またはこれに基づく          法律またはこれに基づく政令によ    ←┘
政令により、地方自治体          り、地方自治体が処理することと
に委任された事務で、非          されている事務のうち、国が本来
権力的なものも、権力的          果たすべき役割に係るものであっ
なものもある。                  て、国において適正な処理を特に
                               必要があるとして、これに基づく
                               法令に特に定めるもの

［地方自治体の長等の事務］     （例）・国政選挙
機関委任事務                        ・旅券の交付
地方自治体の長その他の              ・国の指定統計
機関に対して、法律また              ・国道の管理
はこれに基づく政令によ       ［参考］
り、委任された事務       →   国の直接執行事務
                           （例）・駐留軍など労務者の労務管理実施事務
                                ・地方事務官が従事することとされていた事務
                         →   事務自体の廃止
                                ・国民年金の印紙検認事務
```

分権後の国の関与のあり方
◎関与の基本原則（法定主義の原則、一般法主義の原則、公正・透明の原則）に従う。
◎新たな事務区分ごとに関与の基本類型を地方自治法に規定する。
◎関与はできる限り基本類型に従った最小限のものとする。

自治事務に関する基本類型	法定受託事務に関する基本類型
助言及び勧告 資料の提出の要求 協議 是正措置要求	助言及び勧告 資料の提出の要求 協議 同意 許可、認可及び承認 指示 代執行

地方分権推進一括法　地方自治法など475の法律を改正
　　　　　　　　　　1999.7.8成立　2000.4施行

　機関委任事務廃止
　国地方係争処理委員会新設
　必置規制緩和（福祉事務所の設置数など）
　権限移譲（国定公園特別地域の指定など）
　法定外課税権認める
　起債事前協議制へ

●構造変動　分権社会の形成

Ⅲ 未来展望
説明責任の徹底

25 自治体立法府の課題－法と税

　ここで、ひとまず図21へ戻ってください。じっくり見ると、大事な役者が登場していないのが分ります。千両役者の不在。だれでしょう。そうです。自治体議会とその議員です。自治体の議会と議員は、機関委任事務のシステムにおいては、不要だったのです。

　これからは、ちがいます。たしかに、残された課題は多い。極端に言えば、機関委任事務が廃止されただけのことにすぎない。国の省庁による自治体への縛りのほとんどは、まだ手つかずに残存している。自治体の立法府の前途には、あいかわらず、難問が山積しています。しかし、その難問に挑み、未来の展望を切り拓く活動を、自治体の立法府は、いまや、みずから展開できるようになったのです。そうした活動なしには、分権社会は本物になりえないのです。

　法制大改革も、やっと緒についたところです。自治体の条例と国の法律が整合的な体系を成しうるためには、相互のせめぎ合いを避けて通れません。自治体の条例を縮めるのではなく、国の法律を寛やかなものにする。そんな必要が増してくるにちがいありません。

　とくに、今後は、税財源に関する問題が重大になってきます。どこまで自主的に、条例による課税ができるのか。新設の国地方係争処理委員会の審査結果や勧告に不服があるとき、自治体は地裁をとばして高裁に、訴えられます。委員会での審査や裁判に持ち込まれる争いについても、お金をめぐるものが大きな割合を占めてきます。争うべきは、争う。そのためには、自治体議会での立法段階から十分議しておくべきなのです。

図25

3ゲンの縛り

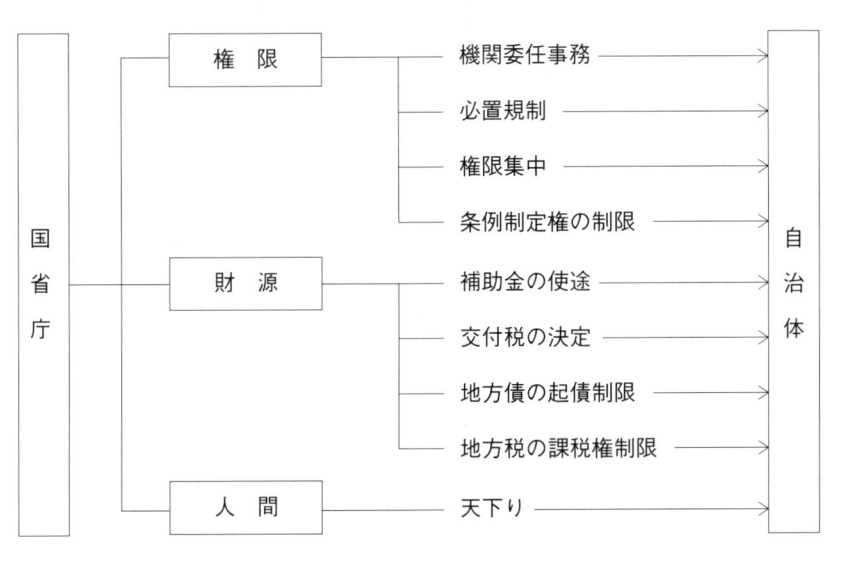

```
                    ┌── 機関委任事務 ──→
         ┌─ 権 限 ──┼── 必置規制 ────→
         │         ├── 権限集中 ────→
         │         └── 条例制定権の制限 ─→
         │
国        │         ┌── 補助金の使途 ──→         自
省 ───────┼─ 財 源 ──┼── 交付税の決定 ──→         治
庁        │         ├── 地方債の起債制限 →         体
         │         └── 地方税の課税権制限 →
         │
         └─ 人 間 ─── 天下り ───────→
```

地方財政のコントロール

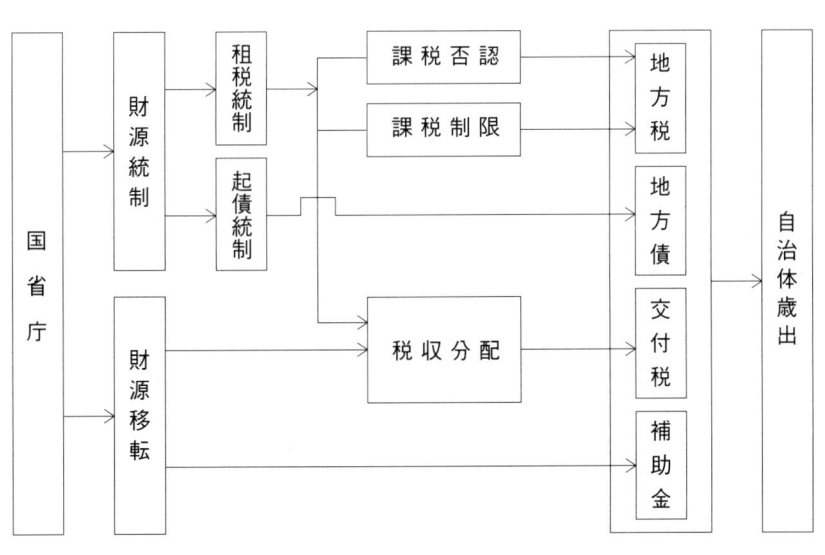

```
              ┌─ 租税統制 ─┬─ 課税否認 ─┐   ┌ 地方税 ┐
      ┌ 財源統制 ┤           └─ 課税制限 ─┼──→│        │
国     │      └─ 起債統制 ──────────────→│ 地方債 │   自治体
省 ────┤                                   │        │   歳出
庁     │                     ┌──────────→│ 交付税 │
      └ 財源移転 ───────────→ 税収分配 ──┤        │
                                           └ 補助金 ┘
```

26 制度が綻びはじめた－交付税

　税財源の面での国の縄、国の省庁が自治体を縛る縄は、大別して、4種あります。交付税、補助金、地方債、地方税です。この順に、やや詳しく実状を調べてみましょう。

　まず、交付税。国には、交付税特会なる特別会計があります。正式には、交付税及び譲与税配布金特別会計といいます。この特会の歳入として、国の一般会計から地方交付税交付金が繰入れられてきます。交付金の源となる地方交付税は、5種の国税の一定割合、30％前後の割合の合計額という形で計算されます。特会の歳出には、自治体の一般財源への交付額が計上されます。各自治体ごとに、基準財政収入額と基準財政需要額の差を計算し、赤字の自治体の財源不足額を合計したものが、交付額になります。歳入の一般会計からの繰入額と、歳出の自治体への交付額は、ともに景気に左右されますが、両者は直接には連動していません。

　歳出が歳入を上まわると、特会は赤字になります。赤字は借入金で埋められますが、現在は、赤字続きで何十兆円にも及ぶ巨額の借入金が累積している状態です。借入金の出所は、大蔵省資金運用部資金だったのですが、財政投融資制度改革のなかで、この勘定はなくなり、財政投融資資金特別会計にかわりました。

　2001年度からは、自治体は、財源対策債・建設地方債と、借入金の地方負担分、臨時財政対策債・赤字地方債を負担することになりました。いずれ、基準財政需要額の圧縮、交付額の減額となることは必至です。小規模自治体への段階補正も廃止の方向にあります。

図26

交付税特会（交付税及び譲与税配布金特別会計）

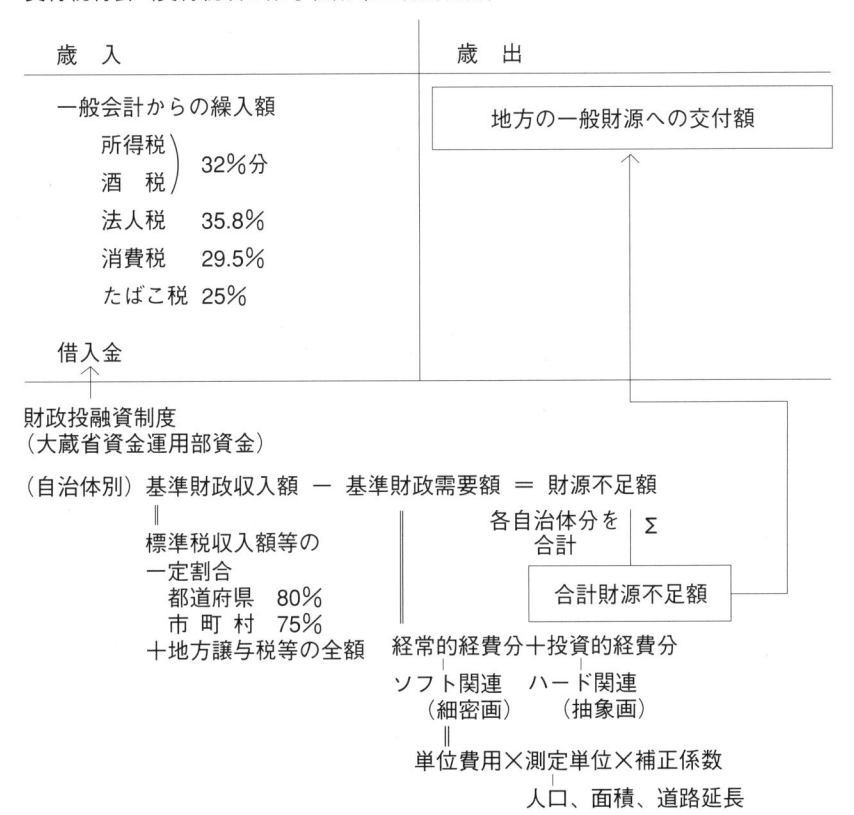

歳　入	歳　出
一般会計からの繰入額 　所得税 ⎤ 　　　　　｜ 32％分 　酒　税 ⎦ 　法人税　35.8％ 　消費税　29.5％ 　たばこ税　25％ 借入金	地方の一般財源への交付額

財政投融資制度
（大蔵省資金運用部資金）

（自治体別）基準財政収入額 － 基準財政需要額 ＝ 財源不足額
　　　　　　　∥　　　　　　　　　　　　　　　各自治体分を　Σ
　　　　　標準税収入額等の　　　　　　　　　　合計
　　　　　一定割合　　　　　　　　　　　　　　合計財源不足額
　　　　　　都道府県　80％
　　　　　　市町村　　75％
　　　　　＋地方譲与税等の全額　　経常的経費分＋投資的経費分
　　　　　　　　　　　　　　　　　ソフト関連　　ハード関連
　　　　　　　　　　　　　　　　　（細密画）　（抽象画）
　　　　　　　　　　　　　　　　　　　　∥
　　　　　　　　　　　　　　　　　単位費用×測定単位×補正係数
　　　　　　　　　　　　　　　　　　　　人口、面積、道路延長

交付税特会　通常収支不足額をめぐる分担

国	自治体
一般会計からの加算	財源対策債（建設地方債）
臨時財政対策分の一般会計からの加算	臨時財政対策債（赤字地方債）
交付税特会借入金国負担分	交付税特会借入金地方負担分

●未来展望　説明責任の徹底

27 公共事業を聖域扱いする無理 －補助金

　次は、補助金。国庫支出金の一種で、仕事とからんで、国から地方に配られます。典型的なのは、公共事業がらみのものです。もっとも、箇所づけで公共事業を呼びこんでくると、自治体も、それなりの負担をしなければなりません。

　公共事業は、国の予算上、一般会計事業、特別会計事業、公団等事業の３種に分れています。下水道、農業農村、住宅、環境衛生、都市公団は一般会計事業。道路、治水、治山、漁港、空港、それに農業農村の一部は特別会計事業。日本道路公団等、都市基盤整備公団、日本鉄道建設公団、関西国際空港㈱、水資源開発公団のものは公団等事業。このなかで、国の直轄事業費を主な財源として実施されるのは、一般会計事業の一部にすぎません。一般会計事業の補助事業には、国の補助とともに、補助裏と称する自治体のお金が注ぎこまれる。自治体は、特別会計事業に対しては、補助裏と直轄負担金を出す。公団等事業にも負担金を払いこむ。そのうえ、多くは公共事業に関連して、ただし、公共事業とは別枠で、地方単独事業もやらなければなりません。不要不急になってしまったものもです。

　実際、円高対策、不況対策、デフレ対策と、次々に名目をあらためながら実施される国の景気対策につきあい、公共事業を聖域扱いしているうちに、自治体の赤字と借入金は、想像を絶する額になりました。それでも、自治体は、公共事業に頼らざるをえない。地域経済がそういう構造になってしまっているからです。兼業農家の兼業先のかなりの割合を、土建業が占めています。

図27

```
┌─────────────────── 社 会 資 本 ───────────────────┐
│  ┌─────────── 公 共 投 資 ───────────┐              │
│  │     （公的部門が行う社会資本の整備）    │              │
│  │  ┌─── 国の予算で行う公共投資 ───┐          │              │
│  │  │      （公共事業費）           │ 地         │  民間が行う社会資本の整備  │
│  │  │                              │ 方         │  私鉄、電力、ガス等       │
│  │  │                              │ 単         │                        │
│  │  │                              │ 独         │                        │
│  │  │  公共事業関係費  │  施設費    │ 事         │                        │
│  │  │                              │ 業         │                        │
│  │  │                              │ 等         │                        │
│  │  └──────────────────────────────┘           │                        │
│  └─────────────────────────────────────────────┘                        │
└─────────────────────────────────────────────────────────────────────────┘
```

		一般会計事業	特別会計事業	公団等事業
一般会計公共事業関係費	直轄事業費		一般会計受入金	助成金・補助金等
		補助金		
その他の財源	直轄負担金	自治体等（補助裏）	自治体等直轄負担金 借入金 自己収入等	自治体等負担金 借入金 自己収入等
			自治体等（補助裏）	
	主な事業 　下水道 　農業農村 　住　宅 　環境衛生 　都市公園		主な事業 　道　路 　治　水 　港　湾 　農業農村 　治　山 　空　港	主な事業 　日本道路公団等 　都市基盤整備公団 　日本鉄道建設公団 　関西国際空港㈱ 　水資源開発公団

●未来展望　説明責任の徹底

28 返すあてのない借金のつけ－地方債

　続いて、地方債。出費がかさむのに、自治体はなぜ公共事業にこだわるのか。もう１つの理由は、起債を充当でき、借金でやれるからです。

　政府機構においては、借金を財源とすることは、原則、許されていません。その例外が公共事業です。財政法第四条によれば、公共事業とは、建設国債を充当できる国の事業であり、建設国債とは、公共事業に充当される国の公債です。これに対して、経常的な経費の赤字を埋める国の借金は赤字国債と呼ばれるが、例外中の例外としてしか発行は認められない。財政法によることはできず、特例法が必要になります。

　自治体も、国の公共事業がらみの仕事なら、借金でやれます。地方債の起債の許可が得やすかったのです。しかも、つけまわしも可能。前述の交付税特会の基準財政需要額の算定に当たって、借金分も需要分として算定してもらえるのです。それで赤字になれば、交付金を受けとれます。

　自治体の借金は、交付税特会につけまわしされる。交付税特会は、そのつけを、財政投融資制度へとまわす。財政投融資制度は、入口で郵便貯金と年金積立金からの自動的預託を受け、出口でいろいろな特別会計や特殊法人等に融資をしてきました。交付税特会も、そうした融資先の１つであり、公共事業関連の特別会計や特殊法人等もそうでした。その融資先のあちこちで、赤字と借金が累積する一方で、仕事の成果があがってこなくなり、ここでも改革の波が高くなってきたのです。

図28

財投改革関連法

2000.5.24成立　2001.4月施行

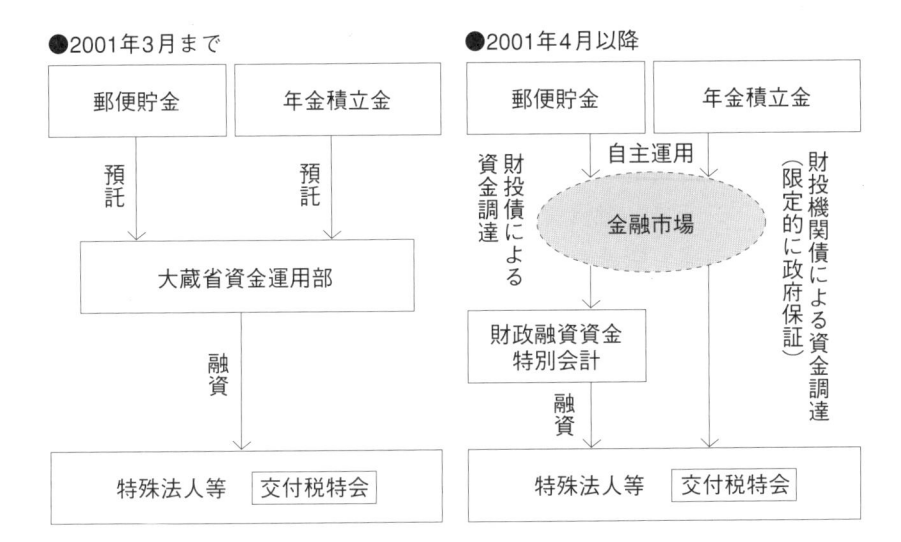

●2001年3月まで

郵便貯金 ──預託──→ 大蔵省資金運用部
年金積立金 ──預託──→ 大蔵省資金運用部
大蔵省資金運用部 ──融資──→ 特殊法人等　交付税特会

●2001年4月以降

郵便貯金 ──自主運用──→ 金融市場
　　資金調達（財投債による）──→ 財政融資資金特別会計
年金積立金 ──財投機関債による資金調達（限定的に政府保証）──→
財政融資資金特別会計 ──融資──→ 特殊法人等　交付税特会

財政法

　第四条　国の歳出は、公債又は借入金以外の歳入を以て、その財源としなければならない。但し、公共事業費、出資金及び貸付金の財源については、国会の議決を経た金額の範囲内で、公債を発行し又は借入金をなすことができる。
　②　前項但書の規定により公債を発行し又は借入金をなす場合においては、その償還の計画を国会に提出しなければならない。
　③　第一項に規定する公共事業費の範囲については、毎会計年度、国会の議決を経なければならない。

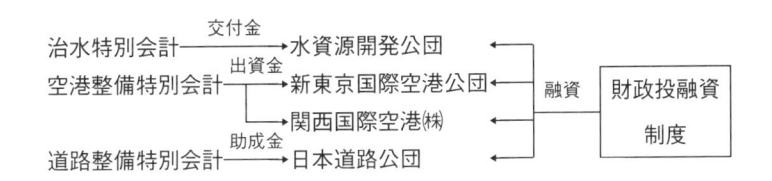

治水特別会計 ──交付金──→ 水資源開発公団
空港整備特別会計 ──出資金──→ 新東京国際空港公団
　　　　　　　　　　　　　　　　関西国際空港㈱
道路整備特別会計 ──助成金──→ 日本道路公団
←──融資──→ 財政投融資制度

未来展望　説明責任の徹底

29 条例による課税へ－地方税

　財政投融資制度は、入口も出口も市場化される方向に改革されはじめています。入口の郵便貯金と年金積立金は、金融市場で自主運用される。郵便事業の公社化とか民営化によって、この流れは一層加速していきます。出口では、融資を必要とする特別会計や特殊法人は、金融市場で資金を調達しなければならなくなる。仕事がうまくいっておらず、赤字が続き、返すあてのない借金を抱えているところに、お金を投じる。それは、いわば奇手ですから、市場ではあまり打たれない手です。そこで、特別会計や特殊法人・許可法人の改革が不可避になります。公共事業関連のものも聖域ではなくなります。安易な補助や借金は続けられません。

　特別会計の１つである交付税特会も、当然、このままではやっていけなくなる。かくて、あちらのポケット、こちらの財布と、お金を移し替えて事態を糊塗するからくりが壊れてしまった。それは、自治体にとって、なにを意味するか。国から財源移転される補助金と交付金が減ります。地方債による借金も、国の後楯を失い、しにくく、返しにくくなります。

　では、地方税は、どうか。やはり状況は厳しい。所得課税のなかで住民税の割合を高める。交付税の原資となっている国の消費税の一定部分を、地方消費税に組み替える。そんな方途もありえます。しかし、税源移譲が税収増につながるとは限りません。景気対策での税収増も期待しがたい。ともかく、自治体は、自前で税収を確保する覚悟を固めなければなりません。そして、自治体での課税は条例によるべきなのです。

図29

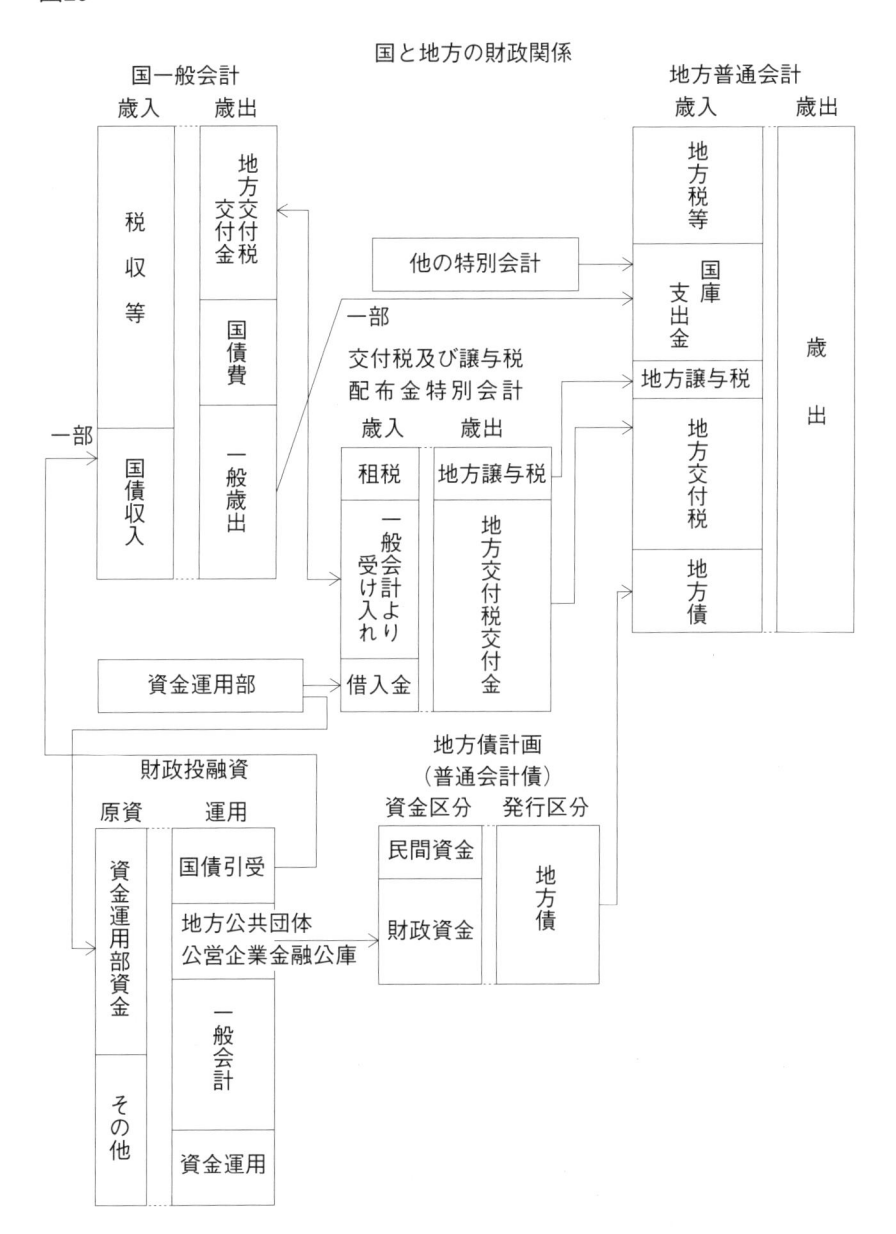

国と地方の財政関係

国一般会計
- 歳入: 税収等、国債収入
- 歳出: 地方交付税交付金、国債費、一般歳出

他の特別会計

交付税及び譲与税配布金特別会計
- 歳入: 租税、一般会計より受け入れ、借入金
- 歳出: 地方譲与税、地方交付税交付金

資金運用部

財政投融資
- 原資: 資金運用部資金、その他
- 運用: 国債引受、地方公共団体 公営企業金融公庫、一般会計、資金運用

地方債計画（普通会計債）
- 資金区分: 民間資金、財政資金
- 発行区分: 地方債

地方普通会計
- 歳入: 地方税等、国庫支出金、地方譲与税、地方交付税、地方債
- 歳出

一部

未来展望 説明責任の徹底

30 税と借金に価する業務を　　ー公会計制度

　日本社会のいたるところで、いろいろな制度が疲労して綻び、その影響がからみあって、自治体を直撃しています。このまま減量していくと、衰弱して倒れてしまう。一律削減によって、ついには全業務がやせ細り、継続できなくなる。踏襲すべき前例がとだえる。既得権益に配分しようにも、パイがなくなる。従前からの財政再建路線では、もうどうやっても財政危機は突破できないのです。

　しかし、危機は好機です。問題は解決できれは、機会となる。国に頼らず、国の縛りから脱して、自立する道が、自治体には拓かれてきているのです。借金はしてもいい。後につながることであれば、経常的な経費のための借金であっても認められる。ただし借金をしたら返さなければならない。利子分も含めて元利償還しなければなりません。償還の目途をたてた借金を、借金をしてまでやりとげる価値をもつ業務にだけあてる。税についても同様です。どうしても必要な借金を返しつつ、業務を進め、新規の業務も立ち上げる。そのための課税ということなら、業務の方をどうしても必要なものに絞りこんでおかなければなりません。

　課税自主権と起債自主権を発揮して、各自治体の業務と資金の関係を確定していくのは、自治体の立法府の任務です。そのために、自治体議会とその議員がやるべきことは多々あるのですが、第一は、公会計制度の刷新です。時価、連結、退職給与引当といった点で最新の世界標準の企業会計と比較可能な、新制度を構想するうえで、立法府が奮起するよう期待しています。

図30

公会計制度

	現　状	改革後
帳簿組織	単式 有機的体系なし 追跡困難	複式 有機的体系あり 追跡可能
財務諸表	なし （決算書の書き替えで作成）	貸借対照表 　（BS　バランスシート） 行政コスト計算書 　（PL　損益計算書に相当） キャッシュフロー計算書
会計原則	収益の認識と測定 　現金主義 費用の認識と測定 　現金主義 資産負債管理 　なし	収益の認識と測定 　販売基準・実現主義 費用の認識と測定 　消費基準・発生主義 |　　　　　|　負債の部　| |資産の部|　　　　　| |　　　　　|　資本の部　| 資金の　　　資金の 運用形態　　調達形態
概念認識	⎛原価計算 ⎜オーバーヘッドの配賦 ⎜減価償却 ⎝機会費用 　なし	あり
世界標準	問題意識なし	時間 連結 退職給与引当 ＋社会貢献　環境

●未来展望　説明責任の徹底

31 自治体立法府の予算制御権 －予算と決算

　公会計制度の刷新は、予算と決算の仕組みの改革に波及していきます。発生主義会計を厳格化していくと、発生主義予算を組むことが可能になり、会計決算も実現できます。

　まず、なによりも、原価計算をきちんとやる。そうしないと、オーバーヘッド、間接費の配賦がおかしくなる。役に立たない政策や計画をつくっている企画政策部門。必要なときに必要な組織を立ち上げられず、必要な人材を送りこめず、必要な予算をつけられない総務財政部門。そういう間接部門が肥大化してしまうのです。その他、減価償却、機会費用といった概念が会計と予算に取り込まれます。時価会計の一方で、予算は多年度計画の裏付けをもつことにもなってきます。財務諸表としては、貸借対照表と、損益計算書にあたる行政コスト計算書と、予算決算が進化したキャッシュフロー計算書が作成されます。

　これらの表そのものも有意義なのですが、表に結晶していく日常の記帳業務の刷新を忘れてはなりません。帳簿組織は、複式簿記の原理に従ってもらいます。財務諸表から、元帳、台帳、明細書、補助簿へ、さらに、伝票、領収書へ、いつでも、だれもが追跡できる会計書類体系を整える。そうすると、予算決算の制御力も強くなります。いまのままでは、予算通りに執行されたかどうかの決算が、出納閉鎖、出納整理の関係もあって、かなり遅ればせにおこなわれるだけで、予算自体の当否は問えません。だから、議会の審議は形骸化し、議員は恫喝に走りがちになるのです。

図31

予算決算

現　状	改革後
予算書・決算書 現金収支	＋キャッシュフロー計算書 発生主義会計 会計決算
出納整理期間 　１ヵ月＋１ヵ月 　出納閉鎖５月末日	不要 未収金、未払金の認識
性質別予算 ＋目的別予算	事業別予算
閉鎖的編成	会計　┐ 総合計画├ 統合 政策評価┘ 　　　予算 参画 公開

性質別歳出
　人件費
　扶助費
　公債費
　物件費
　維持補修費
　補助費等
　繰出金
　投資・出資・貸付金
　積立金
　前年度繰上充用金
　投資的経費
　（内）人件費
　　　　普通建設事業費
　　　　（内）補助事業
　　　　　　　単独事業
　　　　　　　県営事業
　　　　災害復旧事業費
　　　　失業対策事業費

目的別歳出
　議会費
　総務費
　民生費
　衛生費
　労働費
　農林水産業費
　商工費
　土木費
　消防費
　教育費
　災害復旧費
　公債費
　諸支出金
　前年度繰上充用金

地方財状況調査票
↓要約
年度決算状況
（決算カード）

●未来展望　説明責任の徹底

32 業務と政策の体系化－総合計画

　自治体の現在の予算決算制度には、その他さまざまな問題点が伏在しています。予算編成権は行政府としての長が握っていますが、だからといって立法府が予算修正を遠慮しなければならないのか。主権者市民の全員投票に、予算が関連する案件をかけてはいけないのか。そうした根本的な点からも、改革案を構想してみるべきです。と同時に、事業別予算を組む工夫を、実務的に進めなくてはなりません。

　コンピュータによる財務会計システムの構築を機会に、事業別予算は、自治体の行政実務に導入されました。しかし、議会に提出される予算書、青表紙には、款、項、目、節に分けられた性質別予算が、記載されています。決算や広報で使われるのも、目的別予算どまりです。事業別予算を内部に根づかせるとともに、外部へ公表していくことが重要です。

　予算が事業別にしっかり組まれるようになると、総合計画との連動が緊密化します。総合計画が、予算の長期計画としての側面を備えられます。業務と政策が計画に体系化されるので、予算上の重点を定めやすくなります。もっとも計画があまり予算に踏みこみすぎると、国の公共事業関連の計画と同様の弊害が生じます。

　計画は、また、政治家の公約や議会の定める条例の上位に立つものであってはなりません。社会計画と称して、あまり範囲を広めすぎるのも禁物です。長の指揮と議会の制御のもと、行政当局としてやるべきこと、やれることについてのみ、計画を立てればいいのです。

図32

```
                        総合計画
      現　状             改革後
   閉鎖的立案         会計 ┐
                    予算 ├─ 統合
                    政策評価 ┘ ┐
                              └ 総合計画
                    参画
                    公開
   社 会 計 画       行政計画
   詳 細 計 画       戦略計画
   前 進 計 画       ＋退却戦略、撤退戦略
                    行政改革大綱 ┐
                    財政再建計画 ├─ 統合
                    税財源対策   ┘ ┐
                                   └ 総合計画
   行政当局主導       長・議員・政党の公約 ┐
                    基本条例等条例体系    ├─ 調整
```

■■ 現行の公共事業長期計画 ■■

計画名	期間（年度）	総事業費（兆円）
治水	9次・97～03	24.00
急傾斜地	4次・98～02	1.19
治山	9次・97～03	3.77
海岸	6次・96～02	1.77
道路	12次・98～02	78.00
港湾	9次・96～02	7.49
空港	7次・96～02	3.60
住宅	8期・01～05	640万戸
下水道	8次・96～02	23.70
廃棄物施設	8次・96～02	5.05
都市公園等	6次・96～02	7.20
土地改良	4次・93～06	41.00
森林整備	2次・97～03	5.38
漁港	9次・94～01	3.00)
沿岸漁場整備	4次・94～01	0.60)
漁港漁場	1次・02～06	―
交通安全	6次・96～02	2.69

■ 公共事業長期計画の事業費と達成率 ■

計画名（期間）	国の直轄・補助事業費（兆円）	達成率（％）
【～01年度】		
漁　港（8年）	2.35	130.0
沿岸漁場（8年）	0.42	128.2
【～02年度】		
急傾斜地（5年）	0.59	105.1
海　岸（7年）	1.34	117.3
道　路（5年）	46.20	96.1
港　湾（7年）	4.31	118.5
空　港（7年）	2.826	104.9
下水道（7年）	13.17	121.8
廃棄物施設（7年）	2.50	150.1
都市公園等（7年）	2.78	114.7
交通安全（7年）	2.32	116.8
小　計	78.806	106.5
【～03年度】		
治　水（7年）	11.60	118.3
治　山（7年）	2.00	114.2
森林整備（7年）	2.85	102.1
【～05年度】		
住　宅（5年）	―	―
【～06年度】		
土地改良（14年）	32.36	77.4
漁港漁場（5年）	―	―
総　計	127.616	100.2

●未来展望　説明責任の徹底

33 事実の認定より価値の評定
　　 －政策評価

　総合計画のなかで、業務と政策について、新しく興すもの、継続させるもの、撤廃するものを明確にしつつ、相互の位置づけを体系化する。行政、行政当局、行政機関が本気でそうしようとすれば、政策評価に取り組まざるをえません。計画と予算をしっかり縒り合わせる。計画で業務と政策を絞りこむときに、コストとリスクの認識をおこなう。予算の編成と施行にあたっては、計画での位置づけと優先順位を尊重し、必要な資金を提供する。さらに、そこへ、政策評価をかみ合わせるのです。

　業務と政策の成果を評価し、評価の結果を公表する。金銭的なもの、金銭的ではないが数量的なもの、あるいは質的なもの、各種の評価基準を整える。政策評価を通じて、総合計画と予算決算は、一層固く結びつく。計画と実務と予算が連動する。行政内部では、企画政策部門と業務執行部門と総務財政部門の間の風通しがよくなる。そんな効果が期待されます。

　ただし、その前提として、行政は、原価計算を実施しなければなりません。実務における最小単位として、一つのまとまりを成し、なんらかの経営資源する業務活動を区分、定義し、活動ごとにコストとリスクを認識する。そして、この活動の組み合せの集計分として、業務や政策、プロジェクト、業務プロセス、予算単位の原価を計算していくのです。

　加えて、行政の自己評価による政策評価を、議会があらためて評価し直すことが決定的な意味をもちます。事実の認定より価値の評定。それが議会の任務です。

図33

行政関与の在り方に関する判断基準

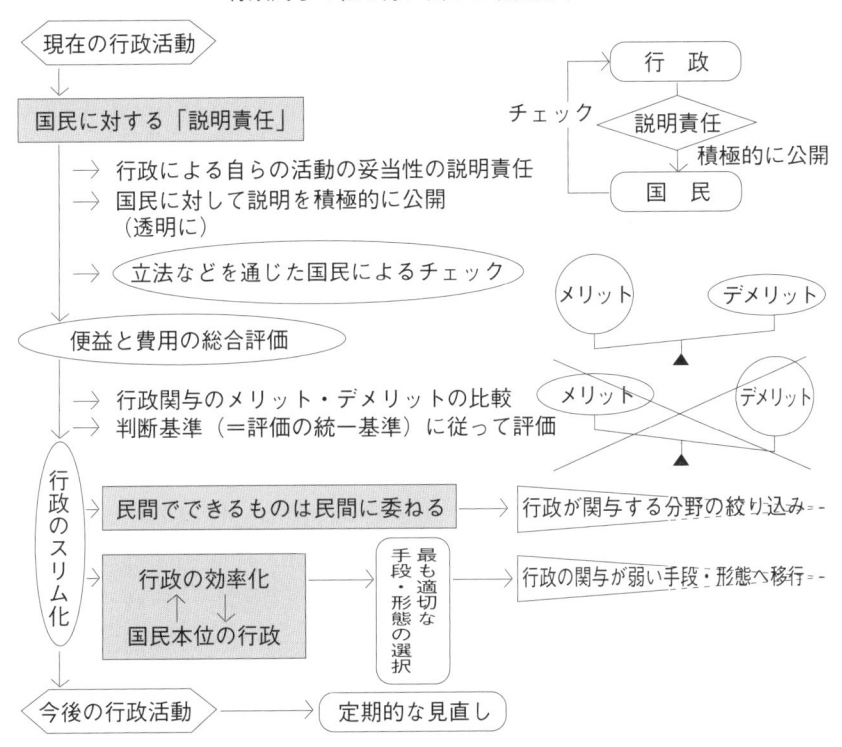

```
現在の行政活動
    ↓
国民に対する「説明責任」
    → 行政による自らの活動の妥当性の説明責任
    → 国民に対して説明を積極的に公開
      （透明に）
    → 立法などを通じた国民によるチェック

便益と費用の総合評価
    → 行政関与のメリット・デメリットの比較
    → 判断基準（＝評価の統一基準）に従って評価

行政のスリム化
    民間でできるものは民間に委ねる → 行政が関与する分野の絞り込み
    行政の効率化 ↑↓ 国民本位の行政 → 最も適切な手段・形態の選択 → 行政の関与が弱い手段・形態へ移行

今後の行政活動 → 定期的な見直し
```

チェック：行政 → 説明責任 → 積極的に公開 → 国民

メリット／デメリット

●未来展望　説明責任の徹底

（目的）
第一条　この法律は、行政機関が行う政策の評価に関する基本的な事項等を定めることにより、政策の評価の客観的かつ厳格な実施を推進しその結果の政策への適切な反映を図るとともに、政策の評価に関する情報を公表し、もって効果的かつ効率的な行政の推進に資するとともに、<u>政府の有するその諸活動について国民に説明する責務が全うされるようにする</u>ことを目的とする。
政策評価法（行政機関が行う政策の評価に関する法律）
2001.6.22成立　2002.4.1施行

（目的）
第一条　この法律は、国民主権の理念にのっとり、行政文書の開示を請求する権利につき定めること等により、行政機関の保有する情報の一層の公開を図り、もって<u>政府の有するその諸活動を国民に説明する責務が全うされるよう</u>にするとともに、国民の的確な理解と批判の下にある公正で民主的な行政の推進に資することを目的とする。
情報公開法（行政機関の保有する情報の公開に関する法律）
1999.5.7成立　2001.4.1施行

34 責任ある説明をする責任－情報公開

　自治体の業務や政策が、高付加価値をもつ公共価値を創出しているのか。その価値は、それを産出、配給するコストを上まわっているのか。なによりも、その価値は、強制力に裏打ちされた業務と資金によらなければ創出できないのか。

　この3点に関して、自治体の行政当局は、究極的には、市民個人に対して、責任ある説明をする責任、いわゆる説明責任（accountability）を負っています。実際には、包括外部監査にあたって監査人に説明する。将来は法律改正によって議会任命ということもありうるのですが、公式オンブズマンに説明する。あるいは裁判所や、破産人に対して裁判所が任命する管財人に説明する。そうしたケースが増えてくるでしょう。しかし、行政当局は、第一義的には行政府を成す長に、次いで立法府である議会に対して、説明責任を負っている。そして、長と議会・議員が市民個人に説明責任を果たす。それが、代表制民主主義のもとでは、いまでも本筋なのです。

　この本筋に大きな道筋を新たに加えることになったのが、情報公開法制の確立です。市民個人は、政治の言葉と行政の仕事に根深い不信を抱いている。それを解きほぐすには、市民個人が行政当局の生の業務記録に、直接アクセスできるようにしなければならない。そういう背景で整えられてきたのが、情報公開法制です。整理された情報だけでなく、メモに近い生の業務文書や、伝票とか領収書といった生の会計文書が公開される。そのことの意味は、議会・議員にとっても重大です。

図34

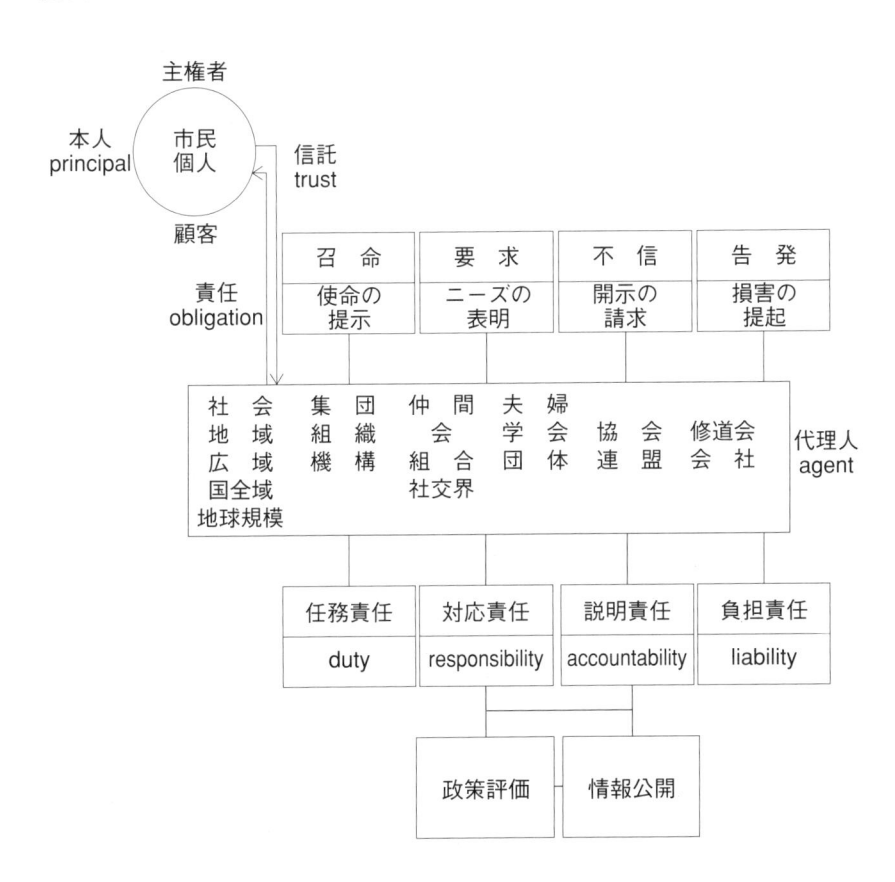

```
                    主権者
        本人      ┌─────┐
    principal   │ 市民 │   信託
                │ 個人 │   trust
                └──┬──┘
        顧客        │
                   │
        責任        │
    obligation     │
                   ▼
```

召命	要求	不信	告発
使命の提示	ニーズの表明	開示の請求	損害の提起

| 社会 地域 広域 国全域 地球規模 | 集団 組織 機構 | 仲間会 組合 社交界 | 夫婦 学会 団体 | 協会 連盟 | 修道会 会社 | 代理人 agent |

任務責任	対応責任	説明責任	負担責任
duty	responsibility	accountability	liability

| 政策評価 | 情報公開 |

●未来展望 説明責任の徹底

責任ある説明（account）		
①	行政が自発的に編集・提供する行政側の情報	広報資料・政策資料などの提供（publicity）	信頼関係が継続していれば市民個人にとってはこれで十分
②	行政が義務的に整理・公表する外部のチェックを経た情報	財務諸表・政策評価結果などの開示（disclosure）	不安、不満、不信が生じると市民個人はここまでのアクセスを図る
③	行政が開示請求に応え義務的に公開する生の情報	生の業務記録・生の会計文書などの公開（accountの決め手）	不信が深まると市民個人はここまでのアクセスを求める

35 開かれた自治体立法府
　　－自由、公平、透明

　励ますつもりが、脅かす。どうも僭越なことばかり書きつらねてきて、恐縮です。と言いつつ、ここでまとめて、自治体議員へ追加注文をさせてもらいます。すぐに実現しえないものも含まれています。現実的にみえるものは、現実的ではない。理想論にも耳を傾けていただければ幸いです。

　現代社会にふさわしい立法府を、自治体にも、創設してください。議員にとっても、行政の職員にとっても、そして一人ひとりの市民個人にとっても、自由で公平で透明な自治体議会。それを目指してください。第1に法制大改革を、自治体立法府から始動させるべきです。一定数以上の市民個人の連署にもとづく市民発意（initiative）で、自治体にとっての重要案件を、市民個人全員が加わる市民投票（referendum）にかけて、決定を下していく。そういうことを可能にする市民投票条例を議会で制定する。そして、その第1号案件として、自治体の憲法にあたる、自治基本条例を取りあげる。長や議員の任期に制限を設けるのなら、この自治基本条例に盛りこみ、市民投票で決める。自治基本条例が確定したところで、分野別基本条例と個別条例から構成される、自治体法の体系を編みあげる。国の国会法にあたる議会基本条例も制定する。古めかしい標準会議規則、傍聴人取締規則などは廃止し、発議、論議、決議のルールを条例で定めるのです。

　第2に、税制大改革を行う、課税のための条例群を制定していかなければなりません。その前提を成すのが、説明責任を全うするための条例群です。

図35

法制大改革	税制大改革
市民投票条例 自治基本条例 　分野別基本条例 　　環境・循環社会 　　都市・まちづくり 　　産業・雇用 　　福祉・健康 　　文化・学習 　　外交・内なる民際外交 　個別条例 　　福祉のまちづくり条例 　　リユース促進条例 　　環境アセスメント条例など 議会基本条例 　議会事務局条例	説明責任のための条例 　公会計条例 　基本的な計画について 　　議会が議決することを定める 　　条例 　議会の議決すべき案件以外の契 　　約等の透明性を高める条例 　政策評価条例 　情報公開条例 　個人情報保護条例 　文書管理条例 　公文書館条例 　行政手続条例 　オンブズマン条例 　外部監査条例 　会議公開条例 　資産公開条例 課税のための条例

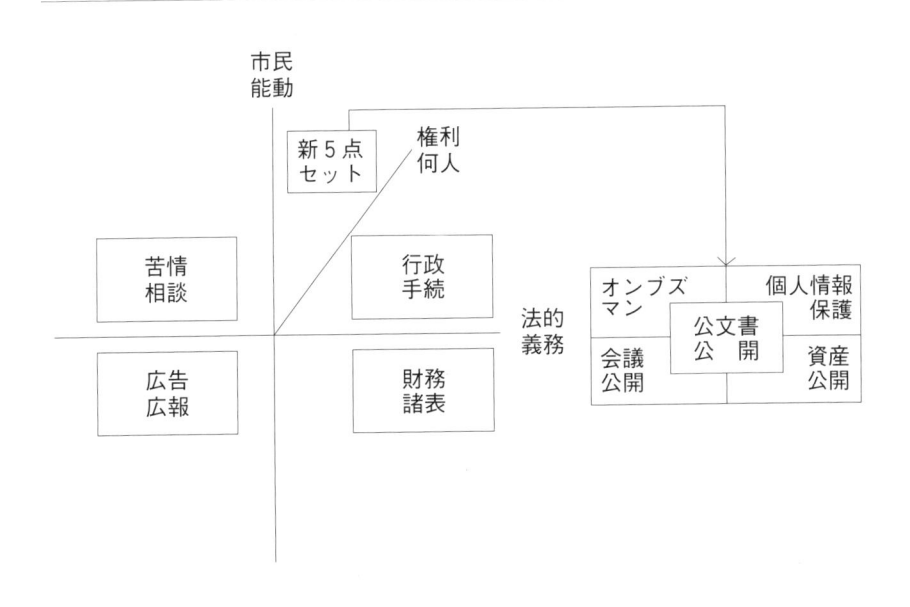

　　　　　　　　　　市民
　　　　　　　　　　能動
　　　　　　　　　　　　権利
　　　　　　　新５点　　何人
　　　　　　　セット

　┌─────┐　　　┌─────┐
　│　苦情　│　　　│　行政　│
　│　相談　│　　　│　手続　│　　　法的
　└─────┘　　　└─────┘　　　義務
　┌─────┐　　　┌─────┐
　│　広告　│　　　│　財務　│
　│　広報　│　　　│　諸表　│
　└─────┘　　　└─────┘

オンブズ　　　個人情報
マン　　　　　保護
　　　公文書
　　　公　開
会議　　　　　資産
公開　　　　　公開

未来展望　説明責任の徹底

36 良質の統治と経営
－現場の個人が支える

　最後に、もう一度強調しておきます。議員一人ひとりは、普通の市民個人の一人です。落選すれば、すぐ実感できることです。しかし、だからこそ、主権者市民の代表になれるのです。他の市民個人が、選挙投票で選んでくれるのです。

　資本主義企業の出発点での主題は、資本の出資者、投資者の統治ということでした。その後、大量生産方式の導入とともに、管理に関心が集中しました。続いて、消費者、顧客の主権が確認され、経営に重点が移りました。そして、ぐるっと一回りして、また企業統治がテーマに復活しました。

　一方、政府と行政の主題は、古代神殿組織にみられる通りで、経営から出発しました。遠く広がる顧客網を通じた交易を行うために、強制力が導入されました。そこで、たちまち、統治が本質的な問題となりました。交易の網が濃密化するに従って、精緻な行政が求められる。その間に、市民個人の影が薄くなってしまい、ここでも歴史が一回りし、公共経営がテーマに再浮上します。

　自治体における統治と経営で、立法府の議員は中枢の位置を占めています。しかし、議員がいい仕事をするためには、自治体の実務現場で、市民個人としての良識を洗練させ、市民個人としての力量を高めている、何人もの市民個人との協働がなくてはなりません。自分自身を大切にする。かけがえのない自分の人生の運命を、自分で切り拓いていく。そこから始めて、同じ志をもつ他の市民個人と、ぜひ協働してください。

図36

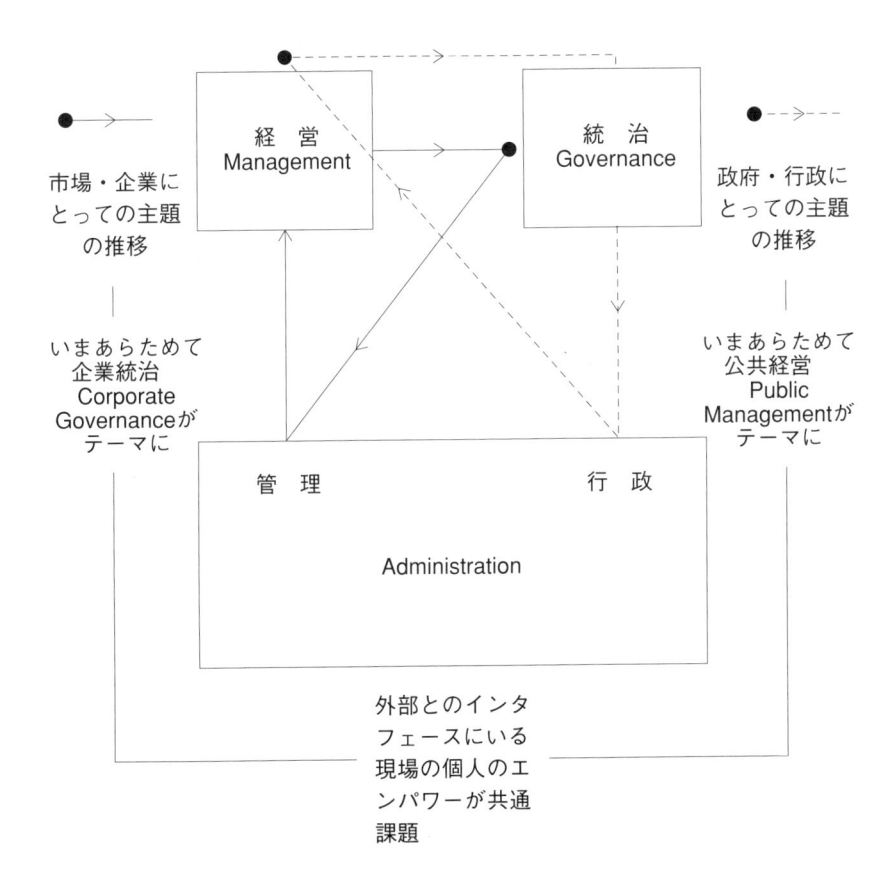

```
                    ┌─────────┐      ┌─────────┐
                    │  経 営  │ ───► │  統 治  │
       ──►          │Management│      │Governance│          ──►
   ●                └─────────┘      └─────────┘        ●
 市場・企業に                                            政府・行政に
 とっての主題                                            とっての主題
 の推移                                                  の推移
   │                                                      │
   │       ┌────────────────────────────────┐             │
 いまあらためて  │   管 理              行 政    │     いまあらためて
 企業統治     │                                │      公共経営
 Corporate   │        Administration          │      Public
 Governanceが │                                │      Managementが
 テーマに     └────────────────────────────────┘      テーマに
   │              │                                       │
   │         外部とのインタ                                │
   └─────────フェースにいる─────────────────────────────────┘
             現場の個人のエ
             ンパワーが共通
             課題
```

未来展望 説明責任の徹底

83

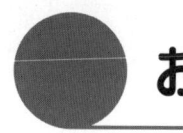

おわりに

　私は、我が儘なので、我が国という言葉を使いません。我が国と言わない市民の会。友人と2人だけの会でしたが、そんな会を創ったこともあります。

　国家が社会のすみずみまでを覆い、市民の上に聳え立つ。市民は、国家の領民になり、国民と呼ばれる。市民生活の場である環境は、国家の領土となり、国土と称される。そして、国家の中枢は、政府ではなくて、行政が占拠する。そんな国家に、人格の中枢である個我を従属させることは、私にはできません。

　有事ということが声高に叫ばれています。しかし、有事とは、本質的に、不測の事態です。現代の戦争による有事であれば、戦時が一気にきて、瞬時に、惨事になります。行政は麻痺し、政府は崩壊し、社会は解体しはじめます。市民個人のボランティア活動によって、社会を基底から再建していく。そうしない限り、復興はなりません。軍事行政当局が社会の施設の管理権を握るための便宜など、いくら事前に形を整えてみても、いざとなれば、なんの意味ももちえません。施設が破壊され、環境が荒廃してしまうのが、有事です。せっかく戦時体制におわりが来て、平時が戻ってきたのが、いまの日本社会です。平時の日本社会を個人本位のものにすることが、最大の有事対策なのです。

　それにしても、私が我を張ったために、編集の青木菜知子さんには、たいへんなご迷惑をかけてしまいました。深くお詫びし、ご協力に感謝します。また、家族というより仲間（peer）である、後藤俊子、知勢子、知朝子の協力にもお礼を言います。ありがとう。

● 著者紹介

後藤　仁（ごとうひとし）
神奈川大学法学部教授
1940年東京生まれ。
東京大学農学部農業経済学科卒業後、㈱博報堂入社。
1969年アメリカ・ミシガン州立大学大学院コミュニケーション・スクール留学。
1977年退社、神奈川県庁に入庁。
県参事、自治総合研究センター所長、公文書館長を歴任。
1998年退庁。現職へ。

● 主な著書
「政府改革」「論点・地方分権」　など

コパ・ブックス発刊にあたって

　いま、どれだけの日本人が良識をもっているのであろうか。日本の国の運営に責任のある政治家の世界をみると、新聞などでは、しばしば良識のかけらもないような政治家の行動が報道されている。こうした政治家が選挙で確実に落選するというのであれば、まだしも救いはある。しかし、むしろ、このような政治家こそ選挙に強いというのが現実のようである。要するに、有権者である国民も良識をもっているとは言い難い。

　行政の世界をみても、真面目に仕事に従事している行政マンが多いとしても、そのほとんどはマニュアル通りに仕事をしているだけなのではないかと感じられる。何のために仕事をしているのか、誰のためなのか、その仕事が税金をつかってする必要があるのか、もっと別の方法で合理的にできないのか、等々を考え、仕事の仕方を改良しながら仕事をしている行政マンはほとんどいないのではなかろうか。これでは、とても良識をもっているとはいえまい。

　行政の顧客である国民も、何か困った事態が発生すると、行政にその責任を押しつけ解決を迫る傾向が強い。たとえば、洪水多発地域だと分かっている場所に家を建てても、現実に水がつけば、行政の怠慢ということで救済を訴えるのが普通である。これで、良識があるといえるのであろうか。

　この結果、行政は国民の生活全般に干渉しなければならなくなり、そのために法外な借財を抱えるようになっているが、国民は、国や地方自治体がどれだけ借財を重ねても全くといってよいほど無頓着である。政治家や行政マンもこうした国民に注意を喚起するという行動はほとんどしていない。これでは、日本の将来はないというべきである。

　日本が健全な国に立ち返るためには、政治家や行政マンが、さらには、国民が良識ある行動をしなければならない。良識ある行動、すなわち、優れた見識のもとに健全な判断をしていくことが必要である。良識を身につけるためには、状況に応じて理性ある討論をし、お互いに理性で納得していくことが基本となろう。

　自治体議会政策学会はこのような認識のもとに、理性ある討論の素材を提供しようと考え、今回、コパ・ブックスのシリーズを刊行することにした。コパ（COPA）とは自治体議会政策学会の英語表記Councilors' Organization for Policy Argumentの略称である。

　良識を涵養するにあたって、このコパ・ブックスを役立ててもらえれば幸いである。

自治体議会政策学会　会長　竹下　譲

COPABOOKS
自治体議会政策学会叢書
自治体の立法府としての議会

発行日	2002年7月20日
著 者	後藤 仁
監 修	自治体議会政策学会Ⓒ
発行人	片岡 幸三
印刷所	今井印刷株式会社
発行所	イマジン出版株式会社

〒112-0013　東京都文京区音羽1-5-8
電話 03-3942-2520　Fax 03-3942-2623
http//www.imagine-j.co.jp

ISBN4-87299-299-7　C2031　￥900E
乱丁・落丁の場合は小社にてお取替えいたします。

［自治体議会政策学会叢書］
COPA BOOKS コパ・ブックス

☆最新の情報がわかりやすいブックレットで手に入ります☆

分権時代の政策づくりと行政責任
佐々木信夫（中央大学教授）著
- ■分権時代の国と地方の役割、住民の役割を説き、「政策自治体」の確立を解説。
- ■地域の政治機能・事務事業の執行機能に加え、今問われる政策立案と事業機能を説明。

□A5判／80頁　定価（本体価格900円＋税）

ローカル・ガバナンスと政策手法
日高昭夫（山梨学院大学教授）著
- ■政策手法を規制・経済・情報の3つの類型で説明。
- ■社会システムをコントロールする手段としての政策体系がわかりやすく理解できる。

□A5判／80頁　定価（本体価格900円＋税）

自治体議員の新しいアイデンティティ
持続可能な政治と社会的共通資本としての自治体議会
住沢博紀（日本女子大学教授）著
- ■政治や議会が無用なのか。政党と自治体議会の関係はどのようにあるべきかを説く。新たな視点で自治体議員の議会活動にエールを送る。

□A5判／90頁　定価（本体価格900円＋税）

自治体の立法府としての議会
後藤仁（神奈川大学教授）著
- ■住民自治の要として、自治体の地域政策の展開が果たす役割は大きい。立法府としての議会はどのように機能を発揮すべきか。議会改革のポイントを説く。

□A5判／80頁　定価（本体価格900円＋税）

イマジン出版
〒112-0013 東京都文京区音羽1-5-8
TEL.03（3942）2520／FAX.03（3942）2623
http://www.imagine-j.co.jp/